100種
提高記憶
方法

Improve Memory in 100 Ways

萬里機構

前言

⊙━⊙ 甚麼是記憶

　　隨着近些年來網絡文學的不斷發展，失憶已經成為很多網絡小說、電視和電影作品中頻繁使用的橋段。那麼，甚麼是記憶呢？記憶是看不見、摸不着的，為甚麼會丟失呢？

　　記憶屬腦科學的範疇，它是人腦對經歷過的事情進行識記、保持、再現或再認的過程。生活中，我們每時每刻都在和外界進行接觸，風中傳來的花香、街道上車輛鳴笛的聲音、眼前的一座座高樓大廈、吃到嘴巴裏的食物、手中觸摸到的手機、身邊熟悉的夥伴、曾經思考過的問題、和戀愛對象之間的爭吵與甜蜜以及被他人欺負時的委屈等情感體驗，都會在發生的那一刻在我們的腦海中留下或深或淺的痕跡，在某些特定的情境中，這些痕跡會在腦海中隱隱約約地或清清楚楚地呈現出來，這就是記憶。

　　記憶與大腦的海馬結構有着密不可分的關係。當人們的大腦受到撞擊，導致腦神經受損的時候，就容易出現失憶的情況，遺忘自己曾經經歷過的事情、自己的身份以及所處的環境，甚至破壞正常的認知功能，對生活造成巨大的困擾。

　　記憶同時也屬心理學的範疇，它是人們進行思維、想像、邏輯推理等高級心理活動的基礎，是人類心智活動的一種，與人類的其他心理活動有着密切的聯繫。記憶能夠讓人們維持正常的學習、工作、社交、生活等基本機能。

人類的大腦如同一個巨大的訊息倉庫，每分每秒，我們的視覺器官、聽覺器官、觸覺器官、味覺器官以及其他器官都在不停地接收訊息，這些訊息都會被傳送到大腦之中，被大腦存儲下來。

　　當我們第一次做某件事情的時候，常常會感到無從下手，但如果一件事情我們已經做過很多次，便不會像第一次那樣窘迫，而會得心應手、輕車熟路。當我們面臨着曾經解決過而現在亟待解決的問題時，我們的大腦會在第一時間搜索之前的經驗，從而快速制定出相應的解決方案。

　　記憶在我們的日常生活中可謂無處不在，它所起到的作用也非常大，細微之處如挑菜買菜、討價還價，重大之處如做一個投資與否的商業決定，設計一個工作方案、交一個朋友等等，這些正常的活動中都有記憶的身影。良好的記憶力能夠讓我們的生活環境更加舒適，讓我們的工作、學習、生活更加有效率，在遇到問題的時候，記憶也能幫助我們更高效地解決問題，度過生活、工作、社交等多方面的危機。

目錄

Chapter 3
天馬行空的聯想記憶法

Chapter 4
讓記憶變得鮮活起來

Chapter 5
快速記憶的基礎方法

Chapter 6
生活中常見的經典記憶法

Chapter 7
構建記憶王國

Chapter 8
記憶也有捷徑可走

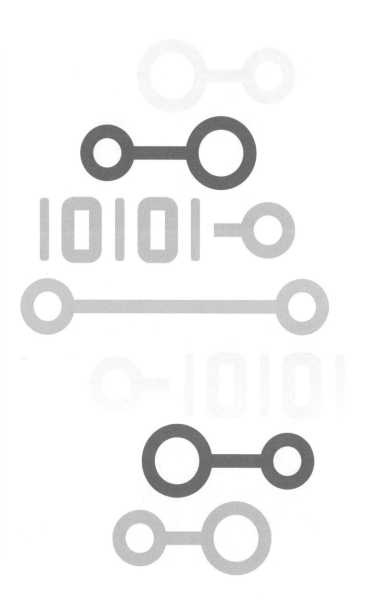

Chapter 1

開啓
記憶的法門

方法 01 自信是增強記憶力的法寶

　　阿蕊記性不太好，總是丟三落四的。雖然已經是成年人了，可是她一個人出門在外，父母和朋友提起她那個轉頭就忘的毛病，還是會擔心不已。

　　早上起床的時候，由於鬧鐘沒電了，一覺醒來已經臨近上班時間，阿蕊匆匆忙忙洗漱了一下，拿着手袋趕到附近的港鐵站，卻想起自己忘記鎖門了，她不得不轉身趕回家去鎖上門再去上班。踏進辦公室門口迎頭遇上經理，經理問她：「方案做好了嗎？客戶已經打電話催了好幾遍了，你趕緊把設計方案電郵給對方啊！」阿蕊完全忘記了當天中午是提交限期！被經理訓斥後馬上展開了工作，直到晚上 9 點才完成，客戶非常不滿。

　　阿蕊想到明天還要被經理批評，頓時有些頭疼，但眼前還有很多麻煩──明明昨天晚上查的天氣預報説今天有雨，睡覺的時候還想着帶傘，一覺醒來就全忘光了。阿蕊不得不冒雨趕回家，到家時已經淋成了落湯雞：「我這腦子怎麼一點都不管用呢？甚麼也記不住，不管多重要的事情都會忘記，這樣能做成甚麼啊？」

現實生活中，很多人有着與阿蕊類似的煩惱：忘記朋友託付的事情，讓他人空歡喜；忘記紀念日，讓戀人失望不已，甚至引發關於「你到底在不在乎我」的爭吵；忘記和朋友的約會，讓對方空等一場，把對方原本的好心情弄得一團糟等等。也有很多人無數次這樣抱怨過：「我也不知道自己為甚麼那麼笨，一點小事情都記不住」、「可能我腦子不太靈活吧，別人能記住的我都記不住。」如果細心觀察，我們不難發現，人們這些抱怨的話實質上是對自己記憶力的不自信。他們認為，別人之所以能記住，自己之所以記不住，都是因為別人天生比較聰明，自己則天生愚鈍？

　　其實，記憶力本沒有天才和普通人的區別，《美國心理學會年度報告》中曾説：「每個健康人的大腦和科學家的大腦之間並沒有甚麼差別，其中的差異主要來源於每個人的使用方法，而這種差異可以通過一些方法消弭。」也就是説，普通人經過訓練，也可以有科學家一般良好的記憶。好記性並非天生的，通過後天的努力，我們也可以變得像很多記憶力強大的名人一樣。

　　大多數情況下，我們並不是記不住，而是不相信自己能記住，所以乾脆就不用心去記憶。但記憶和工作、學習一樣，那些自信的人總能比不自信的人做得更好。我們的大腦有着巨大的記憶潛力，能夠容納海量的訊息，年齡的大小並不能當作自己記憶力差的藉口，有些人之所以記不住，只是不自信、不用心的緣故罷了。

　　自信是記憶的關鍵，一個擁有自信的人總是能夠發揮出自己最好的水平，甚至會超水平發揮；不自信的人則頂着內心的巨大壓力，很難將自己的水平發揮出來，發揮失常也是常態。所以要想擁有良好的記憶力，就努力提高自己的自信心吧！當我們以自信的面貌去努力記憶的時候，有甚麼是我們記不住的呢？

勞逸結合有助於 增強記憶力

　　阿欣在一家設計公司工作，最近公司時來運轉，連續接了幾筆大生意，阿欣負責了三四個項目的設計，不僅隨時要和上司交流意見，還要檢查其他新員工的設計方案，一樁樁事務搞得她焦頭爛額。但更讓她頭疼的是，她所負責的幾個項目，上司都急着要設計方案，除了她之外，公司又沒有業務特別熟練的人。

　　這下可把阿欣難為壞了，為了按照上司規定的時間提交設計方案，她連下樓吃飯的時間都省了下來，時間還是非常緊張，阿欣不得不帶着其他員工在辦公室通宵加班。過度勞累的副作用很快就顯現出來了，阿欣發現自己的記憶力明顯下降了。明明剛才還在桌子上的 USB，竟然不知放到哪裏去了，她急着把電腦裏的設計文件拿到打印店打印出來，卻怎麼也找不到。

　　這時，阿悅從茶水間走出來說：「阿欣，你的 USB 遺留在茶水間，我給你拿過來了。」阿欣終於鬆了一口氣，回想剛才的事情，她不由得嘆氣說道：「我難道是老了嗎？明明剛剛才發生的事，卻怎麼也想不起來，還總是丟三落四的，上次就記錯了客戶的要求，差點弄錯設計方案。」她實在太需要好好休息一下了。

　　忙完手裏的項目，公司集體放了幾天假，大家休息足了之後再上班，果然再也沒有出現過丟三落四和記憶錯亂的現象。

休息是為了更好地工作。無論在學習方面還是在工作方面，我們都常常提到「勞逸結合」這個詞，勞逸結合要求我們根據自己的時間，合理有效地安排自己的生活，使學習、工作和休息達到一種平衡、穩定的狀態。勞逸結合不僅能夠避免過度疲勞造成的厭倦感，還能最大限度地保證我們對工作、學習的熱情和興趣，提高效率，讓我們工作和學習起來事半功倍。此外，勞逸結合的安排還讓我們懂得如何科學合理地分配自己的時間。

○—○「勞逸結合」提升工作和學習效率

　　為甚麼學校會安排固定的作息時間？為甚麼每上課 40 分鐘，就要進行 10 分鐘的課間休息？而且奇怪的是，每個學校的課程安排都是如此，難道其中包含甚麼科學道理嗎？答案是肯定的，人的注意力是有一定指向性和集中性的，過度疲勞時，會影響到注意力的集中和大腦的其他功能。而且，人在長時間勞動後，也會對當前所做的事情產生厭惡感，如果被強迫一直做某件事，我們就會產生逆反和厭惡的心理。帶着沉重的心理負擔去做自己不喜歡做的事情，效率如何能夠提高呢？

　　很多人就是因為不懂得勞逸結合的道理，更不懂得合理分配工作和休息的時間，把該休息的時間都拿來工作，影響了身體、心理等方面的健康，導致出現記憶力下降、睡眠不足、容易感到疲勞等問題。

　　人不像機器可以不吃不喝、不眠不休，每個人的精力是有限的，集中注意力去做一件事更是非常耗費精力。科學研究發現：一個 1 歲的孩子注意力集中的時長是 15 秒，一個 5 歲的孩子注意力能集中 15 分鐘。成人由於興趣、愛好以及關注點等方面的不同，

集中注意力的時長也有所不同。對大多數沒有經過集中注意力訓練的人來說，一般 40 分鐘就已經是極限。過了這段時間之後，人的精力、注意力和記憶力都有所下降，身體會產生疲勞感，緊繃的腦神經和精神也需要適當地緩解，所以這個時候的休息是非常必要的。

這和跑步是一個道理，最初跑步的時候，我們的速度比較快，但當我們跑了一段時間之後，我們的速度會相應降低。隨着跑步時長的增加，我們的速度會越來越慢，因為這時我們的體力有了較大的消耗，身體需要休息、補充水分，等到體力恢復，疲勞得到緩解後，我們跑步的速度也會再次提升。

然而，相比身體的其他器官，人類的大腦則是最容易感到疲勞的器官，每次腦力活動時間過長的時候，我們就容易陷入疲勞的狀態，隨後就會產生頭昏腦脹、記憶力衰退、注意力分散等一系列疲勞症狀。如果這種狀態持續下去，很容易導致我們產生神經衰弱、失眠、焦慮等心理問題，影響我們正常的工作和生活。

興趣是最好的老師

週末下午，媽媽帶着聰聰在商場逛街，出商場的時候，恰好看到對面不遠處新開了一家遊樂園，穿着卡通人物衣服的工作人員在門口熱情地招攬小朋友。聰聰連忙拉着媽媽往遊樂園裏跑，媽媽手裏提着一大堆東西，實在不適合帶聰聰去玩，而且聰聰的學習成績最近明顯下降了很多。媽媽想了想，蹲下來拉着聰聰説：「今天我們拿的東西太多了，天也有點晚了，不能去遊樂園了。這樣吧，等你下次考試的時候成績比這一次有進步了，媽媽就帶你去遊樂園玩，好不好？」

聰聰雖然很想去玩，但還是聽了媽媽的話，跟着媽媽一步一回頭地離開了商場。本來聰聰媽媽認為小孩子隨口一提的事情未必能記住，可沒想到幾個月之後，聰聰竟然從書包裏翻出自己的獎狀，對媽媽説：「我的成績比上次有進步了，媽媽可以帶我去遊樂園玩了。」媽媽信守承諾，答應了帶聰聰去玩。

晚上媽媽跟聰聰爸爸説起這件事，爸爸笑着説：「他並沒有那麼好的記憶力。這個年紀的小孩子特別愛玩，他一直想去遊樂園玩，始終惦記着這件事，怎麼可能忘記？早餐這種事情，吃的時候着急上學，哪有時間去記？更何況這些小事他都不在乎，不放在心上，所以才會記不住。」

著名的科學家愛因斯坦説過:「興趣是最好的老師。」當對某些事物產生興趣的時候,我們就會不由自主地把這些事物放在心上,時時刻刻惦記着,一旦有機會,就毫不猶豫地去了解、探索、實踐,並且在過程中獲取愉悦的情緒體驗。

瑞士著名心理學家皮亞傑(Jean Piaget)認為,人類所有與智力有關的工作都要依賴於興趣。興趣不僅是智力活動的巨大動力,也是心理能量的調節者,更是記憶活動中一個非常重要的因素。正是興趣催發了我們內心探索事物的渴望。科學研究證明,當一個人對某件事情感興趣的時候,他的記憶力和積極性就會快速提高,在做這件事情的時候,能夠將自身的潛能發揮出 80%~90%;但如果讓他做自己不感興趣的事情,他的積極性會明顯降低,記憶力衰退,潛能也只能夠發揮出 20%~30%。

心理學家曾經做過這樣一個實驗,要求 10 個志願者們講述在自己身上發生的或是見到的、聽到過的 100 件事。實驗的結果是,這些志願者們講述的愉快的事情所佔的比例為 55%,不愉快的事情則佔 33%,剩餘的 12% 是較為平凡的、沒有甚麼趣味的事。其實,換成我們自己回憶的話也會發現,所有發生過的事情中,能夠讓我們記住的多是讓我們感興趣、快樂的事情,其次是曾經讓我們不開心的、憤怒的、委屈的事,那些普通的瑣事則會隨着時間的流逝,逐漸被我們遺忘。

其中的功勞可以歸結於興趣,從事教育行業的人在這一點上可能有更深的體會。當一個學生對學習某種知識產生了濃厚的興趣和求知慾的時候,他會主動地接觸和探索這方面的知識,用愉悦的心

態去學習這種知識。這樣在學習的過程中，他就會把全部的精神和注意力都集中起來，各個感官和思維的活動也會有所增強，形成大腦的興奮中心，期間能夠不斷將各種知識和訊息傳遞給大腦的中樞神經系統，從而在記憶裏寫下濃墨重彩的一筆。

○─○ 多做感興趣的事能提升記憶潛能

當我們想要強化記憶、提高記憶力的時候，不妨先把興趣培養起來，做感興趣的事時，我們的注意力會高度集中，腦神經處於一種積極的工作狀態，想像力和求知慾也被充分激發，內在的潛力會被挖掘出來，做事情時也有了無窮的動力。這時候記憶知識對我們的大腦來說就不再是一種負擔，而變成一件非常容易的事情了。

借助興趣的力量去提高自己的記憶力，把不感興趣的事情變得充滿趣味性，並從探索的過程中獲取知識和樂趣，我們的記憶就會更加牢固。

方法 04　集中注意力才能記得更牢固

　　欣欣第一天去學校上學，全家人都有點不放心，晚上，爸爸問起了欣欣的功課，她很快就把在學校裏學的唐詩、英文字母歌和九九乘法口訣背誦了出來。爸爸聽完之後驚奇得不得了，抱着欣欣稱讚道：「欣欣真聰明，竟然能記住這麼多知識！」

　　媽媽說：「那當然了，老師誇獎說欣欣上課時很認真，注意力特別集中，學東西非常快，在班級裏就數她記憶力好，背書背得快呢！老師說現在教的東西不難，只要集中注意力認真學，都能學會、記好。」

　　無論在學習上，還是在工作上，集中注意力所起到的重要作用都是我們無法忽視的。教育學家曾經做過這樣一個實驗：他們找來20名小學生，在沒有人監督的情況下背誦同一首古詩，半個小時之後來驗收背誦成果。有的學生非常自律，從實驗組織人員走出教室的那一刻起，就開始集中注意力背誦起來，直到背得滾瓜爛熟才和周圍的同學進行交流。而有的學生卻沒有這麼強的意志力，才背誦不到 5 分鐘，就開始有一搭沒一搭地背着書，心思早已經飄

到了窗外，怎麼也集中不了注意力，時間快到了的時候才趕緊讀上兩遍。

實驗組織人員來驗收成果的時候，發現那些注意力集中的學生記憶效果更為牢固，能夠流暢地將整首詩背誦出來，而那些東張西望分神的學生背誦起詩文來非常生硬，甚至不能夠背完。由此可見，人的記憶牢固與否和注意力是否集中有着密切的關係。

國外的科學家為了探究記憶與注意力的關係，做過大量的觀察和實驗，實驗結果顯示：人們在接觸某些特定的事物、某個特殊的事件或者某個特別的人時，即使沒有集中注意力和全神貫注地觀察，也會在大腦中形成記憶。但是生活中更多的是平淡無奇的事情，讓我們形成記憶會有一定的難度。如此一來，人們想要記住某件不是特別感興趣的事情時，就需要傾注更多、更持久的注意力，這樣才能夠形成記憶。也就是說，集中注意力對人們的記憶有着重要的支持和促進作用。

生活中，如果我們仔細觀察自己的工作狀態，就不難發現，當我們集中注意力全神貫注地去做某件事情的時候，常常會感受不到時間的流逝，做事情的效率也非常高，記憶力也有相應的提高，但如果我們不能集中注意力的話，後果就很嚴重了。

我們的注意力會被五花八門的、無關緊要的事情吸引分神，而把重要的事情拋到腦後。久而久之，還會形成拖延症，影響我們正常的工作、學習以及休息，進而導致睡眠不足、情緒低落、記憶力

衰退等問題。

　　當我們想要提高自己的記憶力時，不妨拋開心中的雜念，把注意力集中到當前需要完成的任務上。這樣所有的困難和誘惑在堅定的意志面前都會變得不堪一擊，我們的記憶力也會隨之提升。

大聲朗讀
可以促進記憶

　　阿悦是一名中學生，她的理科成績在班裏遙遙領先，可是文科成績卻「包尾」。理科對她來說非常簡單，只要用心學習公式、舉一反三、靈活思考就可以了，文科如語文、英語等科目卻需要她背誦和記憶，她最不擅長的就是背誦了。成績出來之後，班主任提出要把她和文科成績較好的阿澤調成同桌，互相幫助、彌補，希望他們的成績都能夠有所提升。

　　到了早讀的時候，阿澤見阿悦背誦課文的時候幾乎不發出聲音，孫澤說：「你這麼背書怎麼能記得牢固呢？你學我，大點聲背、帶着感情去朗讀、背誦，這樣記得更快，你試試。」阿悦半信半疑地嘗試有感情地朗讀課文，結果後來翻開書本再看自己朗讀、背誦過的內容時，早上朗讀的情形竟然歷歷在目，而且比平時多記住了一段古文，單詞也多記了十幾個。阿澤說這就叫朗讀記憶法，你朗讀的聲音洪亮，記得就更快、更清楚。

　　朗讀記憶法，指的是將需要背誦、記憶的知識有感情地朗讀出來，這樣當我們回憶這段記憶內容的時候，腦海中就會不由自主地浮現出當時朗誦的情形。

　　加拿大蒙特利爾大學的研究團隊曾經做過一個實驗，他們找來44個大學生，分為四組，讓他們閱讀屏幕上的文字。屏幕上的文

字雖然相同，閱讀的方式卻不同：

第一組被要求默讀，即在腦海中閱讀，不能發出聲音，也不能表現在唇齒上；第二組被要求默讀，但可以表現為唇語；第三組被要求讀出聲來；第四組則是大聲朗讀，至少要讓身旁的人聽到。如此經過一段時間之後發現，第一組的記憶效果最差，第四組的記憶效果最好，而第三組的記憶效果次之，這是多器官同時參與記憶的結果。

在談到記憶的時候，我們常常會忽略聽覺器官所起的作用，其實聽覺也是記憶的重要通道。在朗讀的時候，聲音的振動能夠轉化為大腦運動，並在大腦的深層產生共鳴，進而在大腦深處引起變化，打開最深層的間腦記憶迴路。科學研究證明，聲音療法對我們改善聽力、治療自閉症以及提高記憶力有顯著的作用。

我們在朗讀的時候，不僅視覺器官在起着作用，聽覺器官等多個感官也被調動起來。大腦的大部分神經細胞被調動了起來，充分參與到記憶活動中，對強化記憶力有顯著的作用。此外，聽到自己所讀的內容也能夠增強我們的記憶力。

其他事情也是如此，如果某件事情或者某句話在我們的耳邊不斷重複，我們會不由自主地記住它。因為我們的大腦在接收聲音刺激的時候，聲音會轉化為訊息，通過聽覺區到達大腦的深層部分，進入大腦的深層意識，形成記憶。

朗讀記憶法的好處不僅表現在記憶力的提高上，在我們閱讀文字的同時，還能保證精神的飽滿、注意力的集中，可以增強我們的閱讀能力，幫助我們更好地記憶。

方法 06　死記硬背和勤學巧記

小棠剛上幼兒園，在幼兒園裏待了沒多久，就學到不少內容。回家之後，他迫不及待地向爸爸媽媽炫耀，把新學的幾首唐詩都背誦了出來，爸爸聽完高興地給他鼓掌，媽媽則把新做的小餅乾拿給他吃。爸爸拉着小棠問他：「小棠，你背的這幾首詩是甚麼意思啊？」小棠被爸爸問得一愣，喃喃地說：「我不知道啊，老師上課講的我沒記住。」

爸爸忍不住笑了起來說：「不知道甚麼意思，卻會背這幾首詩，你這是死記硬背啊，這樣很容易忘記的。把你課本拿過來，爸爸教教你甚麼意思，這樣你就能記得更牢固啦！」小棠乖乖地去拿書包裏的課本，媽媽見狀忍不住問道：「孩子這麼小，你教他，他能懂得是甚麼意思嗎？」爸爸說：「現在不懂的將來未必不懂，有些東西可以死記硬背，但有的時候還需要勤學巧記，不然他將來學習起來會很吃力的。」

死記硬背指的是在記憶某些內容的時候，不在理解的基礎上進行記憶，而是一味死板地機械背誦。對大部分學生來說，死記硬背並不是一個陌生的詞匯，很多學生平時沒有認真學習課本上的知識，快考試的時候，才根據老師畫出來的重點死記硬背，儘管不理解所背誦內容的含義，但只要記在腦子裏，考試的時候能夠寫在卷

子上就過關了。如果考試之後讓他們再次回憶之前臨急抱佛腳所記憶的內容，就會發現之前所記憶的知識竟然全都消失無蹤了，可謂典型的「考完就扔」。

與死記硬背相對的記憶方法是勤學巧記。有些人學習新的知識的時候非常聰明，懂得將要學習的內容進行理解、歸納，找出重點和關鍵詞，將各個知識點串聯在一起，利用各種記憶方法將這些內容牢牢記在腦海之中，這樣能夠記得很牢固。

兩者一對比，很多人就認為死記硬背對於學生學習知識和提高記憶力來說並沒有起到積極的作用，只會讓學生把更多的精力和時間白白浪費掉，還有傷害學生創造力的可能。其實有些東西我們可以勤學巧記，可是有些東西卻不能用這種方法記憶，如九九乘法口訣、部分數理化公式定理等就需要我們死記硬背了。

當然，勤學巧記能夠讓我們更快地記住學習的內容：背誦古詩詞和古文名篇的時候，先理解全文的意思，在理解的基礎上進行記憶，比囫圇吞棗地背誦要快多了。這是因為我們在理解了內容的基礎上背誦，古詩文中的詞句相對來說就不那麼陌生了，甚至在看到一些罕見的字眼時，我們能夠很快想起來它的同義詞，進而記得更快、更牢固。

無論在工作還是生活中，我們都有需要記憶的新內容，不妨根據記憶的內容選擇適合的記憶方法，必要的時候，將死記硬背和勤學巧記兩種記憶方法結合起來，這樣才能夠更快地達到記憶的目的。

方法 **07** 好記性不如爛筆頭

阿銘和阿凱是同學，雖然接受的教育是一樣的，但兩個人的學習方式卻不太相同。阿銘的記性特別好，注意力集中，能夠隨時跟着老師講課的節奏調整自己的狀態，老師説過的內容他總能很快記住，所以從不做隨堂筆記，下了課就跑去操場打籃球；阿凱則記東西特別慢，也有點跟不上老師的進度，上課時他總是在抄筆記本上，這樣他在閒暇時候也能看上兩眼，複習一下。

久而久之，阿銘發現阿凱不知道在甚麼時候竟然跟上了老師的進度，基礎知識越來越扎實，老師提問的內容多半能答上來，反觀自己，隨着老師講授知識的增多和時間的流逝，之前所學習的內容慢慢忘記了。他想複習，卻總是抓不住重點，覺得有些無從下手，翻開課本複習之前學習過的內容，竟然覺得有些陌生。

阿銘嘗試抄寫筆記，發現真的在腦海裏留下了印象。他想了想，認為記筆記雖然麻煩，但是忘記的時候起碼可以根據筆記裏歸納的知識點複習一下，考試前一定用得着，所以他果斷地跟着阿凱一起記起了隨堂筆記。

獲得「世界記憶大師」稱號的王茂華曾經把「好記性不如爛筆頭」這句諺語作為自己的書名。而這句話也常常和「眼過千遍，不如手過一遍」以及「最淡的墨水勝過最強的記憶」兩句放在一起，頻繁地被老師們引用，用以教育自己的學生。

○─○ 做筆記能提升記憶

「好記性不如爛筆頭」，指的是一個人的記憶力再強大，也不如用筆把需要記住的內容寫下來效果好。意在勸誡我們不要太相信自己的記憶力，因為再好的記憶能力也有忘記的時候，最保險的方式還是要記在筆記簿上。

我們每天所看到的、聽到的內容非常多，這些內容進入我們大腦之後，會被分類到各個「記憶抽屜」之中。有時候，我們會忘記自己所需要的知識到底放在哪個「抽屜」之中，這個時候我們就需要借助外力的輔助來幫我們回憶起被遺忘的內容，筆記恰好就起到了這樣的作用。

美國心理學家巴納特（Raymond Bernard Cattell）曾經做過一個實驗，目的是研究關於做筆記與不做筆記對記憶和學習成績的影響。他找來一群大學生，把他們分成三個小組，每個小組以不同的方式進行學習和記憶。

經過一段時間的學習之後，巴納特對三個小組的記憶成果進行了考查，他要求三個小組的學生對之前學習的內容進行回憶，結果發現，需要自己寫知識摘要的第一小組記憶效果最好，看摘要進行學習的第二小組記憶效果次之，而既不看摘要，又不需要動手做筆

記的第三小組記憶效果最差。

很多人和阿銘一樣，認為「我既然能記住，為甚麼還要浪費時間和精力去做筆記呢」？到複習的時候，拿着同學的筆記去複印一份不就好了？其實這種想法是要不得的，做筆記對記憶力的提升有非常大的促進作用。

當我們把需要記憶的內容記到本子上的時候，不僅能夠同時調動我們的眼、耳、手和大腦，讓我們的注意力集中起來，對學習的內容進行理解和複習，還能幫助我們深入了解需要記憶的內容，並進行提煉，以便重複記憶和重點記憶。而且在我們記筆記的同時大腦也在思考，記筆記的速度遠遠慢於我們讀書和聽講的速度，所以這個思考的過程也會變得相對漫長。這樣一來，我們就有了充分的時間去消化和記憶我們所記錄的內容，當我們對記憶內容的理解逐漸加深的時候，腦海中就形成了記憶。

而之後翻閱筆記不僅能夠使我們重新記住被遺忘的某些知識，還可以讓我們在閒暇時間複習一下筆記內容，加深記憶。所以說，有了好記性，並不代表我們擁有了不會遺忘的能力，如果想要記得更牢固，印象更深刻，還是要老老實實拿起手中的筆，認認真真地記下來。這樣我們的記憶力才能夠真正得以提高。

方法 08 # 記憶的三個基本步驟

　　阿晨早上出門的時候路過樓下小花園，看到一個白色的身影飛快地穿過草叢，往地下停車場的方向跑了過去，看體型應該是隻大型動物，估計是大型犬，身邊也沒有主人跟着。阿晨心裏不由得感到奇怪，但由於急着上班，也就沒有太在意。

　　晚上下班回家的時候，突然看到電梯裏貼了一則尋狗啓事，阿晨想了想，好像沒有見過這麼威風的一隻狗。但回到家關窗戶的時候，他鬼使神差地往樓下看了一眼小花園，恍惚間想起自己在早上的時候分明見過一隻白色的大型犬，也許就是狗主人正在尋找的愛犬。

　　想到這些，他連忙撥通尋狗啓事上狗主人留下的電話，把自己早上見到白色犬的事情告訴了對方，狗主人根據他提供的線索，果然找到了獨自跑到地下停車場避暑的愛犬。

　　記憶是我們的大腦對經歷過的事物的識記、保持、再認和回憶的過程。認識一種事物，讓這種事物在我們的腦海中留下深刻的印象，並轉變為記憶，這個過程有可能是在我們無意識之間完成的。

　　如同故事中的阿晨對白色犬的記憶一樣，我們記住某個事物可能並非刻意記憶的結果，或許只是無意間的一次識記、保持，就在我們的腦海中留下了深深淺淺的印象。所以，很多時候我們根本就

察覺不到記憶是如何形成的，彷彿某些情況下形成記憶就是一瞬間的事情。實則不然，記憶的形成也有一定的步驟，遵循這個步驟，我們才能夠完成認識事物、了解事物、形成記憶的過程。

記憶的第一個步驟是識記

根據目的性，記憶可以分為無意記憶和有意記憶兩種情況：

無意記憶，是在沒有記憶目的、沒有為記憶某個事物做出主觀意志上的努力，在無意識的狀態下自然而然產生的記憶，這些自然形成的記憶構成了我們生活中的豐富經驗。無意記憶也有着很大的選擇性，我們可以發現新鮮刺激的事物總是令我們過目不忘。因為它們極大地刺激了我們的感覺器官，所以才會在記憶中留下深刻的印象。另外，符合人們需求、興趣和讓我們產生了深刻情緒體驗的事物也比較容易被記住。

根據對記憶內容的了解程度，可以將有意記憶分為機械記憶和理解記憶兩種。

機械記憶，是像機器一樣進行記憶，相當於死記硬背，不理解記憶內容的意義，通過重複的方式進行記憶。這種記憶方式非常被動，需要多次重複才能形成記憶，機械記憶能夠有效地防止記憶歪曲。

理解記憶指的是在理解了記憶內容、找出記憶內容內在聯繫的基礎上進行的記憶。在理解記憶內容的過程中，我們的大腦會根據已有的經驗對記憶的內容進行分析、比較、綜合等多種方式的加工。這個過程與機械記憶相比，會耗費大量的心理能量，所以理解是理解記憶的重中之重。

○─○ 記憶的第二個步驟是保持

保持指的是我們的大腦在接收聲音訊息、文字訊息、圖像訊息、氣味訊息等感官訊息之後，對這些訊息進行編碼、分類和存儲。

訊息的保持也有三個階段，第一階段是通過感覺形成記憶痕跡，但這種記憶痕跡非常不穩定，容易忘記，被稱為瞬時記憶；第二階段是短期保持，被稱為短時記憶；第三階段是長期保持，被稱為長時記憶。並不是大腦所接收的所有訊息都能夠進入第三階段，被長期保持起來，人們總免不了會出現遺忘的情況。

當我們對之前經歷過的事情既不能夠再認，也回憶不起來的時候，就代表我們遺忘了這件事，也標誌着保持這個記憶環節的失敗。

○─○ 記憶的第三個步驟是再認和回憶

再認和回憶是在不同情況下再現過去經驗或記憶的過程。過去經歷過的事情再次出現在面前，我們的大腦對此加以確認的過程是記憶的再認，而過去經歷過的事情並沒有再次出現在現實中，而是在我們的腦海中重新浮現出來，這就叫回憶。

識記、保持、再認和回憶這三個環節既相互聯繫，又相互制約，沒有識記便談不上記憶的保持，沒有保持的識記內容很容易便會被我們遺忘，再認和回憶也就無從談起，而再認和回憶既能夠檢驗識記與保持的效果，又能夠加深和強化識記內容。

記憶也有
感情色彩

阿誠和一個旅遊群裏的朋友相約去行山,由於進山的時間晚,他們打算在山上露營一晚,第二天早點起來爬到山頂看日出。可是晚上 6 點半他們才爬到半山腰,眼看着周圍的光線一點點暗下去,他們就找了一處平坦的地方搭起了帳篷,各自吃晚餐補充體力。吃完晚餐才不到 8 點,慣於熬夜的幾個人都沒甚麼睡意,於是誰也沒有回到帳篷裏,而是坐在一起閒聊。

有人提議一人説一件記憶中最開心的事和一件最痛苦的事。對於開心的事情,每個人都仔細地思考了一會才打開話匣子,説完了便説到各自痛苦的事情,話題陡然變得沉重起來,但是每個人幾乎都是不用過多思索便回憶起了曾經痛苦的經歷。

説完了痛苦的記憶,阿誠提議大家各自講一件平凡卻記憶深刻的事情,大家聞言俱是一愣,都陷入了思考,想了半晌,也無法在記憶裏搜索到一件印象深刻的平凡事。

如果我們仔細回憶,就不難發現,在我們豐富的經歷中,愈是帶有明顯感情色彩的事情愈容易被我們記住,而生活中平凡的事不管重複多少遍,也很難在記憶中留下深刻的印象。這是因為記憶也有着感情色彩。

○—○ 痛苦的記憶有警示作用，更能讓人記住

比起快樂的、平凡的經歷，似乎痛苦的、不愉快的經歷更容易被我們深深地記在腦海之中。痛苦的記憶更不容易被我們遺忘，其實是有科學依據的。俗語有言：「一朝被蛇咬，十年怕井繩。」痛苦的記憶能夠對我們起到一定的警示作用。所以從進化論的角度來說，記住那些讓我們感到痛苦、悲傷，甚至對我們的人身安全構成威脅的經歷，能夠讓我們規避風險，有更大的概率存活下來。

為甚麼我們不僅會遺忘平常的經歷，還會把快樂的經歷遺忘呢？這是因為人的記憶容量是有限的，我們所記憶的都是與我們生存、生活息息相關的事情。相比那些快樂的記憶，能夠挽救我們的生命、令我們免受痛苦的記憶要重要得多，所以那些快樂但不重要的記憶就會被大腦自動隱藏起來。

由此我們不難發現，大腦看似是一視同仁地接收消息，實際上在記憶訊息的時候，也有着自己的偏好。

所以如果我們想要更好地記憶知識和訊息，大可以給需要記憶的內容增添一些愉悅的、痛苦的、憤怒的感情色彩。這和學生時代老師要求學生有感情地朗讀課文有着相同的作用，帶着感情去記憶訊息，比起單調乏味的機械記憶要生動有趣得多，記憶起來也更快、更牢固。而且我們的大腦在記憶的時候會連同記憶訊息時的這種情緒體驗也一併記住，回憶、再現的時候就會比較順利。

○─○ 串聯新、舊訊息能提高記憶

　　除對那些令人痛苦的、不舒服的經歷留下本能的記憶之外，大腦在記憶訊息時也會選擇自己所熟悉的訊息優先記憶。所以，我們如果想要更好地記憶訊息和知識，不妨多思考一下新、舊訊息之間的聯繫，如果大腦接收訊息的時候，發現這條訊息與之前所記憶的訊息存在關聯，它就能夠很快地將這條訊息存儲並編入訊息網絡。這樣，我們再回憶這條訊息的時候也會比較容易。

　　新、舊訊息之間的聯繫愈多，我們記憶起來就愈輕鬆，而對之前所記憶的舊訊息來說，與需要記憶的新訊息串聯起來的過程也是加深記憶的過程，在無形之中就起到了強化記憶的作用。

在運用中加深記憶

> 8歲的小璟在爸爸媽媽的幫助下學會了踏腳踏車，暑假的時候，爸爸媽媽由於要出差，沒有辦法照顧小璟，便把她送到了鄉下的爺爺奶奶那裏。爺爺家沒有腳踏車，小璟學着騎家裏唯一的一輛三輪車，她本來以為會像學腳踏車那樣難，沒想到坐上去騎了一圈，便學會了。
>
> 等到暑假結束，爸爸媽媽把她從爺爺奶奶那裏接回來，再次摸到腳踏車把的時候，小璟突然發現，自己竟然不會騎了。她覺得非常奇怪，爸爸安慰道：「別着急，你是太久沒有踏腳踏車忘記了，上去騎兩圈就好，不會像當初學騎車時那麼難了。」小璟聽了爸爸的話，又嘗試了幾次，果然很快就找回了之前踏腳踏車的感覺。

相信很多人都有着和小璟相似的經歷，一段時間不踏腳踏車了，再次騎車的時候會有一種陌生的、恐懼的感覺。遺忘是必然會發生的，不僅僅是騎車，其他事情也是如此。

這正是因為我們不經常運用掌握的技巧。而經常運用的知識，我們肯定會牢牢記在腦海中，如疊衣服的方法、洗衣服的步驟、自己的銀行卡密碼等。因為這些技巧和訊息在我們的生活中會頻繁地用到，所以很難遺忘。但是對之前所記憶的某些知識，我們有很長一段時間都不需要運用，自然而然就會遺忘。

記憶和運用之間的關係類似於人與人之間的那種「你不理我，我也不理你；你對我好，我能對你更好」的相互促進的好兄弟關係。如果我們接收了新訊息，學到了新知識而不加以運用的話，我們很快就會忘記。但是如果我們將學到的知識運用到實踐之中，我們的記憶就會更加牢固。運用的次數愈多，我們就愈難遺忘。

　　很多英語老師會教給學生們一個辦法：閒暇時説出自己所見到的物品的英文名稱，並拼出相應的單詞，在拿着某個物品的時候，同樣説出這個物品的英文名稱以及拼法，如我們要吃蘋果時，將蘋果拿到手上，説出蘋果的英文「apple」，並將它默默拼出來，這樣能夠讓我們更好地記憶這個單詞。

　　這種方式同樣也適用於記憶其他事物，如果我們想要將某個知識點或者訊息記憶下來，可以將它變成我們生活中必須運用的一部分。就像踏腳踏車一樣，每天都在騎，就不必擔心忘記。

　　記憶也需要加以鞏固，只有將所接受的知識不斷地加以運用，我們才能夠記得更加牢固。

方法 11 重複記憶法——
重複是記憶之母

　　阿浩和阿倩在討論最近熱播的一部電視劇，看到劇中一個角色的時候，阿浩覺得這個角色的扮演者讓他莫名眼熟，似乎在哪部電視劇裏見過一樣。可是他想了半天，也沒想起來那個人的名字，阿倩皺着眉想了大半天，也沒想出來，最後還是阿浩上網搜了出來。

　　過了一會兒，電視劇放完了，阿浩拿着遙控器轉到了其他台，阿倩看着正在上演的另外一部電視劇，直接抱怨道：「這放的甚麼爛劇。怎麼又是王藍藍呀！演技差得要命，你快點換台！」阿浩不由得笑了，一邊換台一邊問她：「你怎麼自己喜歡的演員名字記不住，不喜歡的演員名字倒是張口就來呢？」

　　阿倩説：「那是因為我喜歡的演員低調，出鏡率低。這些小生呢，甚麼破事都能拿出來炒作，關鍵還沒甚麼演技和職業素養，一天天不斷出現在你面前，就是不想記住都很難。」

　　相信很多人也曾經像阿倩一樣面臨這樣的煩惱：喜歡的，但是不常見到的人或物，總是非常容易被我們遺忘；而那些常見的，甚至看得多到生出厭惡之情的人或事物卻總是能在我們的大腦中留下深刻的印象。其實這就是重複記憶法造成的結果。

　　重複記憶法，指的是把所記憶的內容連續重複或間隔一定時間後再重複學習一次，經過多次重複，變為永久性記憶。為甚麼需要

重複記憶呢？因為每個人都會遺忘，相信每個人都有忘記某件事情的經歷，這並非是我們的記憶出現了問題，要知道，我們的大腦並不像電腦一樣，能夠將所有東西都記得清清楚楚。所記憶的訊息總會隨着時間的流逝和接收訊息的增多而被逐漸淡忘。遺忘是必然會發生的事情，但值得一提的是，遺忘也是有一定規律的。

德國著名的心理學家艾賓浩斯（Hermann Ebbinghaus）在 1885 年發表了關於記憶規律的實驗報告，在報告中，他提出了著名的揭示遺忘規律的曲線：「艾賓浩斯遺忘曲線」（The Ebbinghaus Forgetting Curve）。他用記憶無意義音節的方法進行了實驗和研究。實驗中他發現，在熟記這些無意義音節之後，僅僅過去了一個小時，他就遺忘了 56% 的內容；兩天之後，他又忘記了 16%；而後遺忘的速度開始大幅度變慢，六天之後，雖然他仍然會遺忘，但只遺忘了 3% 的內容。這就是後來人們所説的遺忘週期，艾賓浩斯發現遺忘遵循了先快後慢的原則。

○─○ 不斷重複記憶就能變成永久記憶

在我們的日常生活中，遺忘的過程並不是固定的、均衡的。在最初階段，我們遺忘的速度非常快，那些愈是漫不經心記憶的事情，愈容易被我們遺忘，而那些曾經給我們帶來強烈刺激所形成的深刻記憶，則會在我們的腦海中留下痕跡，等着我們在某一時刻重新想起。隨着時間的流逝，遺忘的速度會逐漸變慢，到了一定階段之後，幾乎就會不再遺忘了。而當遺忘某件事所需的時間超過我們的壽命時，這件事就會成為我們的永久記憶。

　　重複是記憶之母，大部分情況下，重複的次數愈多，我們的記憶就愈深刻。要想記得深、記得牢、記得久，就需要我們耗費精神和時間去做這件看似無趣、實則有效的事情。當我們重複的次數足夠多時，所需要記憶的知識就會深深刻在我們的腦海當中了。不過，重複也是需要遵循一定的方法的，不然只會徒勞地耗費我們大量的時間和精力。

　　我們可以根據艾賓浩斯遺忘曲線來安排自己複習的時間：由於前期遺忘的速度較快，所以學到新的知識之後，我們最好在 12 個小時之內進行複習，鞏固自己的記憶內容。第二次複習的時間間隔可以稍稍拉長，比如，放到兩天後再次進行複習。在記憶較為清楚、腦海中所保留的知識還比較多的時候強化記憶。隨着遺忘速度的放慢，我們可以相應地將複習的時間間隔拉得更長，如一周、一月、半年、一年等。在這個過程中，我們不斷複習之前所學習的知識，記憶也在不斷的重複中達到了加深和強化的效果，最終形成終身記憶。

Chapter 2

有趣的
記憶方式

方法 **12** 諧音記憶法

　　青年作家韓寒曾經在自己的作品《三重門》中寫過一個關於諧音的情節，書中主人公讀到一首詩，名字叫《臥春》，全詩內容為：「臥梅又聞花，臥知繪中天。魚吻臥石水，臥石答春綠。」仔細讀了幾遍後，卻發現，這詩名的諧音是《我蠢》，全詩內容為：「我沒有文化，我只會種田。欲問我是誰，我是大蠢驢。」這就引人爆笑了，雖然意思全然不同，但對記憶這首「詩」卻產生了讓人經久不忘的奇效。

　　諧音記憶法，指的是通過讀音相同或相近的詞語，將需要記憶的內容和已經記住的內容聯繫起來進行記憶。說到諧音，不得不說起中國漢字中的眾多同音字，因為讀音相似，所以我們能夠借助諧音為需要記憶的對象賦予新的意義。妙用這種諧音有時候能夠達到一語雙關、妙趣橫生的效果，而且能夠讓我們經久難忘。

　　一般來說，人們會用諧音記憶法來記憶一些比較抽象的、難記的內容。諧音記憶法能夠把無意義、無關聯的材料變成有趣的和有關聯的內容，來幫助我們快速記憶。

從高中時代走過來，尤其是學習文科的學生可能有更深的體會：在學習歷史知識的時候，我們不僅需要記憶朝代，還要記憶具體的時間，更有甚者，連某個歷史名人的誕辰也需要記憶。這種材料如果用重複記憶法去記憶，難免會耗費大量的時間和精力，而用上諧音記憶法就變得非常容易。

　　在記憶英語單詞的時候，諧音記憶法也能夠發揮出較大的作用，如「gentle」意為溫柔的、文雅的、柔和的、高尚的，諧音為「枕頭」，我們可以想像抱着枕頭睡覺，枕頭是溫柔的，這樣一來便很容易記住。類似的很多英語單詞都可以通過這種方式進行記憶。在學習和記憶數學方面的知識時，諧音記憶法同樣適用。比如，我們每個人遇到都會覺得頭疼的圓周率。

　　諧音是我們記憶很多抽象知識的竅門，用諧音的方法對那些需要記憶的零散的、抽象的、毫無意義的素材進行加工，為這些素材附加上意義，使之變得生動有趣，這樣我們記憶起來就快得多，記憶的過程也會變得非常愉悅。諧音記憶的過程也就是創造的過程。諧音記憶不僅提高了我們的學習和記憶的效率，同時也對我們的聯想能力和形象思維進行了訓練，讓需要記憶的知識更加形象，讓我們在記憶的同時更能體會到學習的快樂。

　　當然，諧音記憶法並非適用於所有的記憶對象，大多數情況下還需要結合理解記憶、重複記憶等方法，這樣記憶效果才會更好。

音樂記憶法

> 某學校的高二教室中，下課鈴聲一響，阿琳便抱着一本《唐詩宋詞選修》和同學阿麗抱怨起來：「為甚麼語文總是要背啊，又要背全詩，還這麼長。我選文科就是因為怕背書，誰知道語文要背的還有這麼多，我都快煩死了！明天語文老師就要檢查背誦結果了，你背得怎麼樣了？」阿麗說道：「我背了一個早上，就記住開頭那幾句。明天老師如果抽到我，我也未必能背出全詩。」
>
> 兩人正發愁明天怎麼混過檢查，後桌的皓晨一口氣背誦起《長恨歌》來，阿麗和阿琳見狀，連忙問道：「你怎麼背得這麼快，我們不是一起學的嗎？」皓晨說：「我給你們指條明路，打開手機搜《長恨歌》，可不是詩，是歌曲，下載下來，循環着聽。等你們會唱這首歌的時候，你們就會背誦整首詩了。」
>
> 阿麗和阿琳下載了這首歌聽了幾次，沒多久便會唱這首歌了。背誦起這首詩時就變得非常順暢，困擾兩個人的大難題輕鬆解決了。

説起音樂，大部分人是不陌生的，閒來沒事時每個人也會自娛自樂地哼上那麼一兩句。音樂的魅力是無窮的，好的音樂有着打動人心的奇妙作用，熟悉的音樂更容易讓人產生共鳴。

⊶ 音樂可以幫助我們記憶

　　很多人小時候曾在家長的教導下背誦過英語必備的 26 個英文字母，如果沒有英文字母歌，26 個字母未必比圓周率小數點後的 26 個數字好背。

　　在古代，詩歌不分家，中國現存最早的漢語詩歌總集《詩經》中的詩篇都配有相應的曲調，方便廣大人民群眾口頭傳唱。而且這個傳統很好地延續了下來，漢朝有官方詩歌集成《漢樂府》，唐詩宋詞裏的名篇也能夠按照一定的韻律唱出來。現在依然有很多藝術家為詩篇譜曲，並將這些千古名篇唱出來，如《水調歌頭》、《靜夜思》等。用唱的方式去學習、記憶，不僅增加了趣味性，而且能夠幫助我們更快地記住。

　　音樂和我們的生活有着密不可分的關係，它能夠調節我們的情緒，改善我們的心理狀態。音樂還能夠深化我們的記憶，它能夠刺激人體釋放更多的化學物質乙醯膽鹼，乙醯膽鹼正是大腦細胞間訊息傳遞的神經遞質，對增進記憶有着良好的效果。保加利亞的拉扎諾夫博士發現，音樂是挖掘人大腦潛力的好工具。

　　拉扎諾夫博士曾經以醫學和心理學理論為依據，對一些樂曲進行了研究。他發現，慢板樂章能夠有效消除緊張情緒，讓人平靜下來。為了驗證自己的結論，他找來了一些學生做實驗。首先讓學生

們隨着紓緩的音樂放鬆精神和肉體，並根據音樂的節拍讀某些素材，隨後再播放一些歡快的音樂，讓大腦從冥想、記憶的狀態中剝離出來。結果這些學生反饋的記憶效果非常好。

保加利亞為此專門召集記憶方面的專家，改進拉扎諾夫的研究之後發明了「超級音樂記憶法」，幫助學生們在短短四個月之內完成了其他同學要花費兩年時間才能學會的課程，學習效率大幅度提高。這種音樂記憶法一度風靡保加利亞、俄羅斯、美國、法國、加拿大等國家。

我們也可以巧妙地運用音樂記憶法來提高自己的記憶力和學習效率。音樂記憶法的方法不外乎兩種，其一，**將需要學習和記憶的素材編成歌曲，或是將記憶素材填入某首曲中唱出來**，這樣記憶起來就會非常容易。現在這種方法在很多地方得以實踐，比如，一些老師會將拼音字母、化學元素週期表等編成歌曲教學生們唱，這樣學生們記憶起來不僅速度快，而且記得牢固。

其二，**經常聽一些愉悅、輕鬆、舒緩的音樂，這樣對培養我們樂觀、自信的性格有着促進作用**。在學習的時候，我們也可以播放一些歡快的音樂，幫助我們以更好的心態和更積極的面貌學習新知識。

順口溜（唸口簧）記憶法

婷婷剛上了幾天幼兒園，就學會了好多順口溜，拉着爸爸媽媽要表演。等爸爸媽媽在沙發上坐好，她便清了清嗓子背了起來，從「一隻哈巴狗，蹲在大門口，兩眼黑黝黝，想吃肉骨頭」背到「小白兔，白又白，兩隻耳朵豎起來，愛吃蘿蔔愛吃菜，蹦蹦跳跳真可愛」。接連背了三四個順口溜，把爸爸媽媽逗得哈哈大笑。爸爸聽着女兒脆生生地背書的聲音，不由得讚歎道：「這幼兒園的老師就是有辦法，我前兩天教她背的乘法口訣背了多少天了都沒背會，你看看婷婷上幼兒園才幾天啊，就能背這麼多東西了，要是學習時間長了，不是更了不得。」

媽媽説道：「你也不看看老師讓背的是甚麼，都是順口溜啊，還都是小狗、小兔子、大公雞，孩子肯定覺得有趣，也願意背，你讓她背的東西多沒趣味啊！換成你，也是順口溜背得飛快。」

幼兒園的老師總會教小朋友很多順口溜，我們不難發現，儘管很多年過去了，小時候的大部分時光是如何度過的可能已經無從記起，可是一旦聽到這些順口溜，我們總能夠脱口而出。這些簡單、押韻的句子彷彿在我們的記憶裏打下了深刻的烙印。這便是順口溜記憶法的魅力所在。

順口溜記憶法又叫歌訣記憶法，是最古老的、用途最廣泛的一種記憶法。**順口溜記憶法指的是利用諧音漢字，把需要識記的材料編成合轍押韻的句子或順口溜**，這樣記憶起來非常容易。心理學家做過一個關於歌訣與記憶的實驗，讓兩批學生記憶同樣的 80 個單詞，一組記憶的是毫無連貫性的單詞，另一組記憶的是單詞編成的押韻歌訣。結果第二組的學生只讀了八遍歌訣，便記住了這些單詞，而第一組背了幾十遍還會出現錯記、漏記的情況。實驗結果表明：有節奏、有韻律的材料，比沒節奏、沒韻律的材料要好記得多。

我們也會編出許多順口溜來幫助記憶，尤其是在學習新知識的時候。在數學學科中，有「奇變偶不變，符號看象限」，簡單押韻的兩句話就概括了 54 個三角函數誘導公式的共同特點；在歷史學科中，有「三皇五帝夏商周，春戰秦漢三國休，兩晉南北隋唐繼，五代宋元明清民」四句話總結了中國歷史上出現過的朝代。地理、物理、化學、生物等學科也都有相應的順口溜，便於我們記憶各科的知識。

仔細分析這些順口溜，我們不難發現它們的特點：首先，它們合轍押韻、朗朗上口，增加了趣味性；其次，它們將我們需要記憶的內容進行了縮減，保留了精要的部分，方便記憶的同時，也避免我們在記憶過程中出現錯記、漏記的情況。此外，順口溜記憶法還有效地改善了記憶效果。凡是通過順口溜記憶的知識一般能達到深刻記憶的目的，可以讓我們記很長時間而不遺忘。

我們也可以將需要記憶的素材編成順口溜，編的時候要注意方法，不但要**抓住記憶素材的特點，化無趣為有趣，語言方面還要盡量準確、簡練，做到有節奏、有韻律，朗朗上口，便於記憶。**

年代記憶法

　　阿誠是一個初中生，對不擅長背誦的他來說，歷史課的內容實在非常難為他，歷史上的重要事件太多了，他想努力卻沒有辦法，不由得心煩意亂，便走到客廳裏喝水。

　　妹妹小蕊正坐在鋪滿雜物的地上，阿誠走過去問妹妹在做甚麼，妹妹說：「幼兒園的老師給了我們很多小珠子，要教我們串手鏈，可是這些珠子太小了，我一不小心就弄丟了好多，又找老師要了一份。我怕再弄丟，所以乾脆直接把它用老師給的繩子先串起來，等到回學校時再拆下來就不會弄丟了。」

　　阿誠一聽，妹妹說得很有道理啊，那些重大的歷史事件不也正是一個個小珠子嗎？既然一個個去記憶記不住，為甚麼不將這些年代串聯起來呢？這樣背着也容易一些啊。他立刻行動起來，將歷史課本中的重大歷史事件都摘了出來，不總結不知道，一總結才發現，書上歷史事件的年份都是相連的，將這些重大歷史事件分門別類地串起來之後，他又嘗試着背誦了幾次，很快就記住了。

　　阿誠用的方法，其實就是年代記憶法，顧名思義，即利用年代來幫助記憶。這種記憶方法在學習和背誦歷史方面的知識時最常見，在歷史課程中，歷史年代佔有極其重要的地位。有關專家研究

發現，僅僅在初中的歷史課程中，學生們需要重點掌握的年代就有上百個之多。這些重大歷史事件發生的年份就是一個個單調乏味的數字，一遍遍地重複記憶難免要浪費大量的時間和精力，而且在記憶的過程中容易出現漏記、錯記的情況，導致記憶效果不佳。那麼，如何快速記憶呢？相對來說較為適用的方法就是年代記憶法了。

年代記憶法，即我們根據某一個重要歷史事件發生的年代，尋找相連年代所發生的重要歷史事件，並找出這些歷史事件之間的因果關係。

我們可以將這些歷史事件發生的年份串聯起來，依次進行記憶，將需要記憶的內容組成記憶組，這樣記憶起來就比較輕鬆了。這就好比我們保存東西，當一個物體過小的時候，單獨存放容易遺失。但是如果將它和其他物品綁定在一起保存的話，就不容易遺失了。而且當我們想到其中一個歷史事件的時候，其他歷史事件也會隨之浮現在腦海中。不管想起來哪一個歷史事件，都能想到其他歷史事件，不僅起到了複習的作用，還達到了加深記憶的目的。

當然，在生活中，我們也能夠用年代記憶法來記憶其他內容，很多男士因為記不住結婚紀念日、交往日、妻子生日、其他家庭成員生日等各種重要的日子而被另一半責備，導致彼此間的感情出現裂痕。其實我們完全可以用年代記憶法來記憶，將不同年份、不同月份發生過的重要事件羅列出來，用時間線將這些事件串聯起來進行記憶，就能夠達到快速記憶和重複記憶的效果，不容易遺忘。

比較記憶法

比較記憶法指的是通過比較的方法加以記憶，比較是我們認識客觀世界的一種必要手段。家長們在教孩子認識事物的時候，也會找出其他事物做對比，以便孩子能夠更好地認識和理解。比如，家長在教孩子分清楚小雞和小鴨的區別時，就會找出兩種動物的不同之處：雖然兩種小動物都是從蛋裏孵出來的，都有一身毛，但是可以看出區別：小雞的嘴巴尖，鴨子的嘴巴扁；小雞的爪子像竹葉，天生能從地裏抓蟲吃，小鴨的爪子則帶蹼，天生會游泳。如此一對比，孩子很快就能夠認識到兩者的不同，並且達到快速記憶的目的。

○─○ 比較記憶法適用於學習各種知識

如英語、語文、歷史、地理等知識都能夠用比較記憶法進行學習和記憶。舉例來説，英語單詞：pay、salary、wage、income等都有工資、薪水之意，但前者是普通用語，可以代替 salary、wage；而 salary 指的則是腦力工作者的所得、工資較為固定，可按照月份、季度、年度來領取；wage 指的則是體力工作者的所得，一般都是根據合同或小時、天數、周數來領取；income 除了指工資之外，還指其他收入。三者通過比較就能夠很好地區分開來，記憶起來也就比較容易。很多同義單詞或是詞頭相近、詞尾相近、詞頭尾相近的單詞都可以通過比較來進行記憶。

其他方面的知識，如數學概念中的自然數與整數、物理學中的質量與重力、化學知識中的燃燒、緩慢氧化和自燃以及漢字「己、已、巳」的區別、歷史知識中的七國之亂與八王之亂等。甚至連醫

學方面的知識都能夠用上比較記憶法，如白芍與赤芍、麥冬與天冬、生地黃與熟地黃等藥材之間的區別以及各自所適用的病症。

○─○ 比較記憶法能令記憶更全面、深刻

比較記憶法不僅能夠讓我們全面、準確地識記材料，還能夠讓我們的記憶更加深刻。將很多相似的識記材料放在一起進行對比和分析，我們就能夠發現這些識記材料之間的相同點和不同點，認識事物的過程其實也正是形成記憶的過程。

當我們對比和分析素材的時候，實際上也是在全面地認識和了解記憶的素材，進而使記憶變得立體化、具體化。而且在比較的過程中，不容易出現錯誤，保證了記憶的準確性。在比較的時候，我們能夠發現記憶素材的異同點，進而進行辨別和記憶，着重記憶各種素材的特點，進一步加深腦海中的印象，達到強化記憶效果的目的。

比較記憶法又可以分為對照比較法、順序比較法、類似比較法、橫向比較法、同心比較法五種。

對照比較法，簡單來說就是將好與壞、真與假、善與惡、美與醜、喜與悲、剛與柔等性質相反的知識對照起來進行比較，揭示出事物的異同點、優劣與高下等，幫助人們準確地認識事物、區分事物，然後進行記憶。

順序比較法指的是將當前所需要記憶的素材和之前已經記憶過的素材加以比較並進行記憶。

類似比較法指的是抓住所需要記憶內容之間的相似之處進行記

憶，比如，漢字「贏、羸、贏、嬴」，一眼看上去，我們很難發現它們之間的區別。但是仔細觀察的話，就能夠看出四個字的不同之處了，我們可以抓住它們的不同之處，加以記憶——輸贏（yíng）貝當錢，蜾蠃（luǒ）蟲相關，羸（léi）弱羊肉補，嬴（yíng）姓母系傳。這樣就能夠記得又快又準。

橫向比較法指的是將年代相同、性質相同的事物進行比較，如在記憶第一次鴉片戰爭的時候，我們可以和第二次鴉片戰爭進行比較記憶。

同心比較法指的是將一種事物和其他幾種事物同時進行比較，借此來突出居於中心的事物的本質和特徵，達到加深記憶的目的。

其實觀察這五種方法，我們不難發現，無論是哪種比較方法，都遵循着同樣的兩個原則，一是異中求同，找到不同記憶素材的相同或者相似之處，進行串聯記憶；二是求同存異，即在比較的過程中對記憶素材進行從表面到本質的認識，找出記憶素材的共同點和不同點，抓住細微的特徵進行記憶。這樣就能記得更多、更牢固。

 方法 **17** 歸納記憶法

　　阿華在背誦地理知識的時候覺得非常吃力，因為這些知識太亂太雜了，他背得毫無頭緒，僅僅是亞洲的區域地理就讓他頭疼。無奈之下，他只好去請教學霸鄰居阿程，想知道他是如何將繁雜的地理知識記住的。

　　阿程說：「學習要講究方法，不能死學，死記硬背很多時候不一定有用。你可以抽出一點時間把之前所學的知識做一個歸納，比如說，學一章做一章的總結，將這些相互聯繫的知識分到同一類，這樣在進行記憶的時候就能夠憶一牽百，減輕記憶負擔。」

　　阿程翻開了阿華的課本舉例道：「我常用的歸納記憶法是『最』字法，比如，你現在要記憶的地理知識就可以這麼歸納：世界海拔最高的洲是南極洲，平均海拔 2350 米；海拔最低的洲是歐洲，平均海拔 340 米。在記憶其他學科的知識時也能用到歸納記憶法。」

　　阿華根據阿程所教的方法進行總結和歸納之後再去記憶，果然記得又快又牢固。

美國著名心理學家布魯納（J. S. Bruner）認為，人類記憶的首要問題不是儲存，而是檢索。隨着時間的流逝和個人的成長，我們每天學到的知識都在增多，需要記憶的知識也在隨之增長，剛開始的時候，我們所記憶的知識是破碎的，沒有完整的知識結構。所以，當我們需要用到某個知識點的時候，會出現遺忘的狀況，類似於提筆忘字。

　　那麼，我們怎樣才能夠在需要這些知識的時候快速地將其從大腦的眾多知識中抽調出來呢？此時，歸納記憶法就派上了用場。歸納記憶法指的是將需要記憶的素材根據不同的屬性進行排隊、歸納、推理，總結出其屬性和規律，然後再記憶這些素材及其屬性。也就是說，我們需要將儲存在腦海中的零散的、雜亂無章的知識進行系統的分析、總結、歸納、編排等，把這些零碎的知識納入記憶網絡中去，像完成拼圖一樣補全知識結構中缺失的部分，充實大腦中已有的知識體系，這樣才能夠做到經久不忘，隨用隨到。

　　歸納記憶法分為歸納和記憶兩個部分，在記憶這些知識之前，我們需要先做一個歸納總結。將所學習的內容按照一定的標準進行分類、歸納，使之有條理，然後經過對比和分析，將這些知識的屬性和規律概括出來。

　　美國的斯坦福大學做過一項記憶實驗，他們找來一些學生，讓他們在一節課的時間內記憶 112 個單詞，這些單詞所涉及的種類有交通工具、文具、水果、服裝和職業等。他們首先讓學生記憶這些毫無規律的單詞，但是一節課下來，沒有幾個學生能夠將這些單詞全部記住。隨後，他們對這一百多個單詞進行了分類，並按照規

律將這些單詞排列起來，讓學生們再度記憶，結果用了不到一節課的時間，學生便把這些單詞完全記住了。

我們在日常生活中也可以用歸納記憶法來記憶多方面的內容，歸納記憶法就好像我們在生活中收拾房間，將內衣放到內衣的收納箱中，鞋子放進鞋櫃。只有將每個知識點放入它應該去的收納箱中，我們需要用的時候才能夠在第一時間找出來。

○─○ 及時總結記憶材料

但是在使用歸納記憶法的時候也有需要注意的地方：記憶的材料要做到及時總結，這樣我們在整理和歸納記憶的時候就不會感到毫無頭緒而無從下手了。只有記憶的內容足夠系統化、條理化，我們記憶起來才能夠真正做到準確和快速。當我們能夠在第一時間將記憶素材進行總結，找出它的規律，並達到舉一反三和觸類旁通的效果時，記憶就不再是困擾我們的難題了。

列表記憶法

列表記憶法指的是用列表的方式將相關的記憶素材進行比較和對照，從而記憶其特點以及與其他記憶對象之間的聯繫的一種方法。將記憶素材集中起來，利用表格的方式進行歸納和整理，能夠使其條理清晰，一目瞭然，便於記憶。列表的主要作用有兩個：

將分散的知識組成整體

將分散的、零碎的知識點有條理地組織起來，組成一個整體，便於理解、掌握和記憶。我們所學的知識本是零散的、無序的、無規律的，但是當我們把這些記憶素材集中起來，放到恰當的位置上時，便能夠使其與其他知識產生關聯，形成一個整體。

歸納整理記憶素材的特徵

對記憶素材進行歸納整理，找出每種記憶素材的特徵，使我們在觀看列表的時候一目瞭然。其實我們整理記憶素材的過程也是對記憶素材進行記憶的過程，當我們將列表整理出來的時候，會發現列表中的記憶素材條理明晰，記憶起來也非常容易。因為我們在編制表格的同時，也在對記憶素材進行比較、分析、歸類、理解等一系列加工，在列表的時候弄清楚了列表內容之間的區別與聯繫，總結出了各個記憶對象的特徵，並加深了記憶。

列表記憶法則是在列表的基礎上進行記憶，它不僅能夠將記憶素材提綱挈領地羅列出來，同時能夠顯示出各種記憶素材的相關特徵，便於比較、對照和分析以及從特徵上進行記憶，還能夠幫我們對記憶素材進行深入的理解和有條理的儲存。這樣我們記憶起來會

比較容易，提取記憶素材的時候也會非常方便快捷。這種方法不僅省時省力，提高我們學習的效率，還能夠達到記憶效果準確、牢固、經久不忘的目的。

列表記憶法在記憶各種知識時都有用武之地。比如，在學習地理知識的時候，我們需要記憶自然帶的分類、分佈情況，不同地區的氣候特點、植物特點、動物特點等，記憶內容繁多，會耗費大量時間和精力。但如果我們將這些知識點進行比較、分析、總結，最後收納到一張表格中，就能夠刪掉很多不必要記憶的內容，為我們的記憶減負。

列表能夠使記憶素材清晰醒目、便於記憶，可以用於記憶各種知識且記憶效果極佳，其形式也多種多樣。最常見的形式有以下六種：

1. 關係圖：用簡單的示意圖，把子事件的關聯呈現出來，便於形象記憶。

2. 網絡圖：用網絡關係圖來重點展現記憶素材之間的關係。

3. 示意圖：以圖畫的方式對記憶素材進行加工，使其更加形象和便於記憶。

4. 一覽表：統觀全域，對記憶素材進行全面的比較、分析和總結，掌握記憶素材間的關係，便於全面記憶。

5. 系統表：將記憶素材進行系統化，便於整體記憶。

6. 比較表：對記憶素材進行歸納和分類，總結出記憶素材之間的區別與聯繫，着重突出各個記憶素材的特徵，並據此對記憶素材進行掌握和記憶。

列表記憶法的關鍵在於列表，但很多人不懂得如何對記憶素材進行列表，更不知道該列哪一種表。其實，不管哪種形式的列表，其主要的步驟都是一致的。首先我們都要對記憶素材進行分類和分析，以此來判斷編制哪種類型的圖表更適合；其次我們要對記憶素材進行分析和歸納，提綱挈領，找出其主要特徵，分析各種記憶素材間的異同點，隨後才能編制出適當規格、適當形式的表格；再次我們便可以將記憶素材的內容依次填入表格中，使記憶素材條理清晰；最後根據表格中的內容進行記憶。在我們將列表整理完畢的同時，腦海中也已經留下較為深刻的印象，大可不必照本宣科、死記硬背。

編故事記憶法

小時候，很多孩子喜歡拉着大人的衣袖，央求大人們講故事，或奇幻或富有寓意的小故事讓我們聽得津津有味，給我們帶來極大的樂趣。

故事，是人民群眾所喜聞樂見的一種藝術形式。講故事的時候不需要語言多麼華麗，也不需要有太多的景物描寫和心理描寫，更不用着重刻畫人物特徵，只要語言生動，情節連貫，就能夠講述一個引人入勝的好故事。隨着時間的流逝，我們逐漸長大成人，也許已經記不清當時父母的表情動作，但故事的大致內容卻留在我們的記憶中，這便是故事的魅力所在。因其富有趣味性，所以能夠讓我們經久不忘。

編故事記憶法便是很好地利用了故事的特點幫助我們進行記憶。**編故事記憶法又稱導演記憶法，是通過編故事的方法對識記材料進行記憶。**

如果讓我們記憶「蘋果、女孩、漏斗、閃電、欣賞、港鐵、裙子、恐龍、球棒、群山」這些零散的詞匯，我們很難在短時間內全部記住，但是如果我們將這些詞匯編成一個完整的故事，也許記憶起來就不那麼困難了。

我們可以根據現有的詞匯進行創作：「女孩穿着新買的裙子去找朋友玩，出門之前，媽媽讓她給朋友帶去一袋蘋果，走在路上的時候，突然下起了傾盆大雨，女孩連忙躲到附近的港鐵站避雨，遠處隆隆作響的雷聲和明亮迅疾的閃電讓女孩心驚肉跳。

沒過多久，雨停了，女孩看向天空，只見天上的雲形狀各異，有的像恐龍，有的像球棒，有的像漏斗，還有的像連綿起伏的群

山。她連忙掏出手機將這些奇形怪狀的雲拍了下來，準備和朋友一同欣賞這難得的美景。」

如此一來，一個簡單的小故事就把這些零碎繁雜的詞彙全部組合起來了，我們只需要記得故事的主線，就能夠將這些詞彙全部記住。

編故事記憶法分為以下幾個步驟：

首先要做的是提取關鍵詞。其次是發揮想像力，把關鍵詞變成清晰、鮮明的圖像，便於記憶。具體可以通過諧音、關聯、單字聯想、拆分聯想、動作等方式記憶某個詞彙以及相關的圖像。最後將這些畫面和我們需要記憶的詞彙聯繫在一起進行複習。

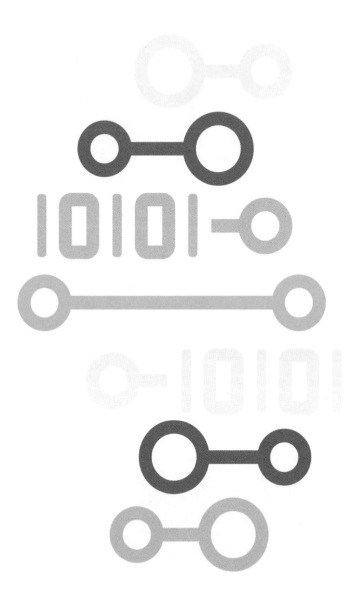

Chapter 3

天馬行空的
聯想記憶法

方法20 接近聯想記憶法
——每個需要記憶的事物都有鄰居

時玥怎麼也記不住好朋友琳琳的生日，偶爾她能記住月份，卻記不住準確的日子，大多數情況下連月份也記不準，為此鬧過很多烏龍。有時候是琳琳問她要禮物了，她一臉茫然地不知道發生了甚麼事，有時候是她把禮物送給琳琳，琳琳卻説今天不是自己的生日。因為生日的事情，琳琳已經埋怨了她很多次。直到一天，時玥認識了一個新同學，新同學雖然年紀比琳琳小，但她的生日和琳琳的只差一天，每次時玥一想到新同學的生日，隨即就想到了琳琳的生日，有時候雖然會把兩個人的生日弄混，但再也沒有出現忘記的狀況。

聯想記憶法指的是利用記憶素材與現實中事物的聯繫來進行記憶，這種聯繫也可以是已知事物與未知事物之間的聯繫，或者記憶素材各部分之間的聯繫等等。假使一種事物與另外一種事物相近、相似、相反或有因果關係，那麼當我們想到這種事物時，自然而然地會聯想到與之類似或相反的事物。比如，丈夫走到了家門口，看到緊閉的房門，會聯想到妻子因為工作原因出差，而自己則以為家裏有人，所以把鑰匙遺漏在辦公室。如果我們平時習慣於聯想記

憶，這種事情本可避免。聯想記憶法正是將記憶的素材與個人所體驗過的事物進行聯結，以便於人們記憶。

接近聯想記憶法又被稱作「鄰近聯想記憶法」或「時近聯想記憶法」，指的是兩種以上的識記對象，在時間上或者空間上有著較為接近的關係，這樣只要想起其中一個識記對象，便很容易回憶起另外一個，再由另外一個去連接其他記憶素材。在這個基礎上建立起來的聯想記憶法就稱為接近聯想記憶法。

接近聯想記憶法也可以是一個人同時或先後經歷了兩件事，在思維中產生了關聯，當想起其中一件事情的時候，就自然而然地想到了另外一件事。例如，他第一次吃女朋友做的蛋炒飯的時候，想起來自己小時候最喜歡吃媽媽做的蛋炒飯。這樣，簡單的蛋炒飯就讓他將生命中最重要的兩個女人聯繫到了一起，想起其中一個，自然而然地就想起了另外一個。

在識記材料中找出時間上的聯繫

如果能夠找到兩種識記材料之間的聯繫，就可以使用接近聯想的方式來進行記憶。學生時代，很多人都曾為記不住繁雜的歷史事件而苦惱，但老師要求學生們不但要記住，還不能弄混弄錯。比如，我們要記憶「十月革命」、「五四運動」、「辛亥革命」、「九一八事變」等歷史事件的時候，就可以按照時間順序來進行聯想。

例如，1917 年俄國十月革命，1919 年五四運動，1921 年中國共產黨成立。這三個歷史事件發生的時間相近，使用接近聯想記憶法進行記憶，想起其中一個，就能聯想到其他兩個。當然，我們還能繼續聯想，將更多相近的知識點串聯在一起，例如，1911 年辛亥革命，1921 年中國共產黨成立，1931 年九一八事變，1941 年皖南事變，每個事件之間都相差了十年。如此便找到了其中的規律，這樣在記憶的時候就會變得非常容易。

○─○ 在識記材料中找出地點上的聯繫

我們也可以根據同一個地點進行相關知識點聯想，例如，洛陽是中國古都之一，其他古都分別為西安、南京、北京、開封。洛陽是隋唐大運河的樞紐中心，絲綢之路的東方起點；洛陽的市花是牡丹，最名貴的品種為姚黃魏紫；洛陽有龍門石窟和中國第一古剎洛陽白馬寺，以及道家七十二福地之一的上清宮等等。只要提到洛陽，就能夠想起一連串的知識點，記憶效果極好。

只要我們善於歸納、嘗試和靈活地運用，那麼接近聯想記憶法不僅可以用來記憶應考的知識，還能夠記憶生活中大多數需要我們快速記憶的事物，拓展我們的知識面。

方法 **21** 類似聯想記憶法
——給記憶的對象找個兄弟

類似聯想記憶法，指的是以識記材料在性質、成因、規律等方面有類似之處為基礎而建立起來的一種記憶方法，也就是說，只要事物之間存在相似性，我們就可以使用類似聯想記憶法來進行記憶。運用類似聯想記憶法時，我們要針對識記材料進行分析，發現識記材料之間的共性，找出其相似點，並據此在識記材料之間建立聯繫，從而實現由其中一個識記材料聯想到另外一個識記材料的目的，強化我們的記憶。

○─○ 找出識記材料之間的共性

炎炎夏日，我們需要使用空調來降溫，沒有空調的時候，我們會想到用電風扇、空調扇降溫。用不了電燈的時候，我們會找出蠟燭照明，沒有打火機的時候，我們會想到用火柴來代替……空調、電扇、扇子以及電燈、蠟燭、打火機、火柴等事物其實都有着某種共性，空調、電扇、扇子都有着降溫的效果，電燈、蠟燭的作用都是照明。所以當缺乏其中一種的時候，我們能夠很容易地想到它們的替代品。

當看到圓形的物體，我們會聯想起足球、籃球、乒乓球；看到圓柱體，會聯想到杯子、卷紙。因為這些物品都有共性，同樣的形狀讓我們聯想到與之類似的物體。除了形狀之外，類似聯想記憶法還可以通過找到識記材料其他方面的共性來幫助我們進行記憶。

一些學校曾經做過一項集中認字的實驗，實驗的對象是小學低年級的學生，實驗的目標是在兩年之內讓這些小學生認識 2500 個漢字，實驗的方法與一般老師所教授的方法不同。他們不是讓學生一個字一個字地去記憶，而是將字形、字音相近，能互相引起聯想的字編成組，如把「揚、腸、場、暢、湯」放在一起記，把「情、清、請、晴、睛」放在一起記。這樣的分組極具特色，不僅每組漢字的右半部分相同，而且每組字的漢語拼音也存在共性，如前一組的漢語拼音尾音都是「ang」，後一組的漢語拼音尾音都是「ing」。這樣學生們記憶的效率就變得非常高，僅用了一年多的時間，就超額完成了實驗任務。有了如此大的詞匯量，這些小學生閱讀一般的書籍報紙不成問題。

這種識字方法其實正是運用了類似聯想記憶法，記住其中一個詞，就能聯想起整組詞匯，而且記得又快又好，不容易出錯和發生混淆。

○─○ 分析及理解識記材料的含義

上學時，每個學生都會學到同義詞和近義詞。很多聰明的學生發現，當把一個詞語的同義詞或近義詞放在一塊進行記憶的時候，學習的效率會比單獨記憶一個詞語要高得多。比如，我們形容一個人的喜悅情緒時會使用「興高采烈」、「手舞足蹈」、「欣喜若狂」、「喜氣洋洋」、「歡天喜地」等。當我們對這些詞進行聯想記憶的

時候，會比一個詞一個詞單獨去記憶要容易得多，而且效果也比後者好很多。因為我們在記憶的過程中，大腦對這些識記材料進行了加工，尋找識記材料的同義詞、近義詞的過程就是分析、理解識記材料含義的過程。經過思維的加工，這些詞匯在我們的腦海中已經留下了痕跡，我們再去記憶這些詞匯的時候就會變得非常輕鬆。

當然，我們也可以將識記材料和自身所體驗過的事物進行聯繫，比如，當我們感受到悲傷的情緒時，我們可以聯想「悲痛欲絕」「痛心疾首」、「心如刀割」、「慘絕人寰」、「鬱鬱寡歡」、「痛不欲生」等具有悲傷含義的成語，以此來進行聯想記憶。這樣當我們感知和回憶與悲傷情緒相關的事情時，我們的大腦中就會不由自主地浮現出這些成語。

運用類似聯想記憶法，可以通過一個事物進而聯想到與之相似的另外一個事物，或是通過記憶素材聯想起自己曾經體驗過的事物。這樣不僅能夠更好地反映出事物之間的相似之處，還能夠讓我們在記憶的時候更加輕鬆、高效。

方法 22　對比聯想記憶法
——強烈的反差更容易被記住

美國摩根財團的創始人摩根並非一出生就擁有驚人的財富，他年輕時帶着妻子來到美國，為了謀生，他開了一家雜貨舖賣雞蛋。摩根非常勤勞，可是卻仍然沒有甚麼收益。相反，妻子拿到的訂單卻比他多得多，這讓他非常苦惱。

有一天，他再次遭到婉拒後，鼓起勇氣問顧客：「為甚麼您不願意從我這裏訂購雞蛋呢？」顧客説：「因為你的雞蛋太小了呀。」摩根疑惑不解地想：我們明明都是在同一個地方批發的雞蛋，賣的也是一樣的雞蛋，怎麼沒人抱怨説妻子推銷的雞蛋小呢？

他帶着這個問題回到了家，妻子拉着他來到餐桌邊，他頓時發現原來自己的手太大了，寬大的手把雞蛋襯得非常小；而妻子的手很小，雞蛋在她手裏看着很大。找到問題的答案之後他和妻子分工合作，讓妻子負責在前台推銷雞蛋，自己則負責批發雞蛋，他又想出了把雞蛋放在托託盤裏出售的方法，果然雞蛋的銷量開始穩步增長。摩根利用的正是對比的方法。

對比聯想記憶法，指的是以識記材料之間具有的明顯對立的特點為基礎，進行聯想記憶的一種方法。對比聯想記憶法與類似聯想記憶法相反，類似聯想記憶法要求我們找到事物之間的共性、相似之處，加以記憶；而對比聯想記憶法則需要我們找出事物之間的不同之處，或是相反之處，根據識記材料之間的差異性來掌握識記材料各自的特點，進而起到增強記憶的作用。

對比聯想記憶法的關鍵在於對比。善用對比，能夠讓我們更好地發現事物之間的差異性。

如果說類似聯想記憶法相當於給識記材料找同義詞，那麼對比聯想記憶法就相當於給識記材料找反義詞。讓我們在看到、聽到或者想到某個事物的時候，隨即就能聯想起與之相對或是相反的事物。比如，想起快樂的時候我們能夠隨即聯想到悲傷，想到長久的時候我們能很快聯想到短暫，想到美好的夢想時我們很快能聯想到殘酷的現實。運用對比聯想記憶法的時候，我們既能夠分析出事物之間的共性，還能夠找出其相對立的個性，便於我們認識、分析、理解和記憶事物。

中國的律詩講究對仗，古代的文人就很好地將對比聯想融入了自己的詩詞或對聯中，如在盛唐時期的著名詩人王維的名篇《使至塞上》中，「征蓬出漢塞，歸雁入胡天。大漠孤煙直，長河落日圓」這兩句就很好地運用了對比聯想法。細想之下我們不難發現，這些詩句或對聯我們只要記住上半句，下半句就能脫口而出。這正是因為對比聯想記憶法發揮了作用。

從屬聯想記憶法
—記憶也能拖家帶口

小麗是一名剛剛步入大學的學生，宿舍的幾個女孩總喜歡打扮自己，小麗看到了非常羨慕。但是由於之前沒有接觸過這方面的知識，她根本不清楚彩妝和護膚品的概念，同寢室的女孩看到她買的東西非常驚奇幾個女孩子聽完笑起來說：「你是不是根本分不清護膚品和化妝品啊？你要是想學，倒是可以教你護膚。」小麗擺出乖乖求教的姿態，舍友們七嘴八舌地說了起來。

小麗聽她們講了之後，才知道自己弄錯了水、乳、粉底液和護膚品、化妝品之間的關係，不過所幸也學到了護膚的知識，雖然鬧出了笑話，但總歸收穫很多，小麗心滿意足地拆起了自己的快遞⋯⋯

從屬聯想記憶法，指的是根據識記材料之間的從屬關係將識記材料進行整合和聯想記憶的一種方法。

從屬，顧名思義，為服從、依附、附屬，指的是一種事物包含在另外一種事物之中，比如，學生這個概念包含小學生、中學生、大學生等；中國這個概念包含北京、廣東、福建等；動物包括脊椎動物和無脊椎動物，脊椎動物包括魚類、鳥類、爬行類和哺乳類動物，哺乳類動物又包括斑馬、豹子、獅子、羚羊、馴鹿等等。

當一個識記材料和另外一個識記材料之間有從屬關係的時候，我們就能夠通過這種關係進行聯想記憶。在分析識記材料的同時，我們也在思考和理解識記材料的特點，這樣我們才能更好地將識記材料進行整合和歸納，形成較為完整的知識結構，便於我們學習和記憶。

　　比如，在學習地理知識的時候，我們可以根據從屬關係進行如下總結和歸納：總星系→銀河系→太陽系→地月系；在學習文學知識的時候，我們可以總結出《淮南子》、《山海經》等都是記載上古神話的著作；在學習歷史知識的時候，我們可以從南京這個地點聯想出一連串的知識點：「南京大屠殺」、六朝古都、《南京條約》、太平天國定都南京、南京偽國民政府等等。

　　如果我們善於聯想，習慣運用從屬聯想記憶法進行記憶，那麼我們學習和記憶起知識來無疑會取得事半功倍的效果。

方法 **24**

聚散聯想記憶法

——把記憶素材作為思維的起點和終點

　　在一個綜藝節目中有一個非常有趣的環節：找出誰是臥底，比拼的就是每個人的語言表述能力、想像力、思維能力和知識範圍。遊戲中有臥底、法官、平民三種類型的角色，其中法官一名，臥底一名，平民多名。

　　以八人遊戲為例：法官負責給剩餘的七名玩家發牌，六張牌上寫有同一詞語，但另外一張牌上則是與之相關的另外一個詞語。七名玩家不知道其他人的身份，更無法判定自己是否為臥底。每個人輪流用一句話來描述自己所拿到的詞語，但給同伴暗示的同時，不能讓臥底察覺。

　　當每個人都描述過一輪後，七名玩家一起投票，選出最可疑的臥底人選，得票最多的人被判出局，如果被判出局的人恰好是臥底，本輪遊戲結束；但如果不是臥底，則遊戲繼續。如果兩個玩家票數相同，那麼剩餘玩家將針對兩個玩家進行投票，得票多的玩家出局。當臥底成功掩飾了自己的身份，堅持到場上只剩下三個人時，臥底獲勝，反之則平民獲勝。

玩這個遊戲需要注意的有四點：

1. 所出的兩個詞詞性要相同，即同為名詞、動詞或形容詞；
2. 兩個詞語不能是互相包含的關係，如家電和雪櫃、水果和柚子、家具和桌子等；
3. 所出的詞語不能是一個詞語的兩種叫法，如番茄和西紅柿、桂圓和龍眼、孫悟空和孫行者等；
4. 在玩家描述自己牌上的詞語時，必須描述得和牌上的詞語有共性，不能為了掩飾自己的身份而説出與牌上詞語毫無關聯的話。比如，當平民詞語為「貴妃醉酒」，臥底詞語為「黛玉葬花」的時候，臥底不能説出「她和皇帝有一段姻緣」這種與「黛玉葬花」全然無關的話。

這個遊戲其實就是運用了聚散聯想的方式，同樣一個詞語可以有多種特性，各種與之相關的特性匯合起來，就形成了一個整體。

聚散聯想，指的其實是兩種方法，聚為彙集、聚合；散為分散、分開、發散。所以聚散聯想記憶法既可以指通過運用聚合思維對識記材料進行聯想，然後按照某種規律將其組合到一起的記憶方法，又能用來指運用發散思維對同一種識記材料進行思考和分析，從多個方面去聯繫識記材料本身的記憶方法。這兩種記憶方法聯合起來總稱為「聚散聯想記憶法」，聚合和分散是一個互逆的、相反的過程。聚散思維在我們的生活中非常常見。

在學習知識的時候，我們可以運用聚散聯想思維進行記憶，如在地理知識方面，當我們需要記憶關於赤道的知識時，通過整理和分析可以發現：赤道不僅是世界上最長的緯線，也是緯度最低的緯線，還是南北半球的分界線以及南北緯度劃分的起始線等等。而在學習文學知識方面，如記憶關於大詩人李白的相關知識時，通過分析和整理，我們能得到以下多種關於李白的訊息：唐朝著名的浪漫主義詩人；有詩仙之稱，是《靜夜思》、《蜀道難》、《將進酒》、《夢遊天姥吟留別》、《行路難》等千古名篇的作者；龍巾拭吐，御手調羹，貴妃捧硯，力士脫靴……這些都是詩仙李白這個人特有的事跡和特點。他既是我們分散聯想思維的起點，又是聚合聯想思維的終點。其他知識也能夠通過聚散聯想記憶法進行記憶。

當我們嘗試着運用聚散聯想思維進行記憶的時候，我們能夠較為全面地分析記憶素材的特性，拓寬我們的思路，產生觸類旁通、舉一反三的效果，並加深我們的記憶。

因果聯想記憶法
——因果相循的記憶

世界上的各種事物之間都有着或多或少的關聯，有的是並列關係，有的是從屬關係，有的是遞進關係，還有的是因果關係。聯繫緊密的，只要想到此事物，就能憶起彼事物；聯繫不太緊密的，就需要我們分析和整理，或者創建新的密切的關聯。因果聯想記憶法主要運用的就是事物之間的因果關係來進行聯想和記憶。

因果，分開解析是原因和結果，當兩者連起來説的時候，指的便是二者的關係。

按照佛家的説法，世間萬事，皆有因果。種善因得善果，種惡因得惡果。有因必有果，這是事物之間的規律。進入一個漆黑的房間，我們按下開關，隨即會想到燈該亮了，如果燈沒有亮，我們就會疑惑，不由自主地發問，難道停電了？看看鄰居家燈火通明，我們就能排除錯誤的猜測，得出正確的結論——燈泡壞了。正因為燈泡壞了，才導致了「打開電燈開關，燈也沒有亮」這個結果。

如果記憶也能按照因果關係展開，那麼我們的記憶負擔無疑會減輕很多。當我們需要記憶某些知識的時候，大可以嘗試這種因果聯想記憶法，利用識記材料之間的因果關係，從這個事物聯想到另外一個事物上。

一件事情的產生必然有其原因，而這件事本身又導致了某些結果，這個結果也是導致另外一件事情發生的原因，如此循環下去，便能在記憶中形成「原因→結果（原因）→結果」的思維鏈。當我們習慣運用因果聯想記憶法將這些知識點。根據因果關係串聯起來時，我們記憶起知識來就會輕鬆許多。

形象聯想記憶法
——形象思維的妙用

「形象」一詞最早僅指人的面貌形狀,後來也指事物的外部特徵。在中國的繪畫藝術中,講究形似、神似和意境,要的是形神兼備,抓住事物的特徵進行刻畫,形成了獨特的東方藝術風格。而從心理學的角度來說,**形象指的是人們通過自己的視覺、聽覺、觸覺等感覺器官接觸事物,並在大腦中形成固定的整體印象。**簡言之,就是人們對事物的感知。形象雖然並非事物本身,卻能夠代表事物。

形象聯想從很早之前就已經被人類使用,中國的象形文字就與形象聯想有着千絲萬縷的關係,如甲骨文中的「月」字就如夏日天邊懸掛的一輪彎月;「馬」字則看上去像有着四蹄和馬鬃的馬;「魚」字也非常形象,甚至能夠看出魚頭、魚尾和魚鱗;「人」字也能夠看出來就是一個直立的人;「日」字是一個圓中間一個點……象形文字無疑準確地提煉出了事物的外形特徵,通過文字的線條和筆劃,具體地勾畫出來,作為該事物的代表。

○─○ 形象聯想可增強記憶和學習興趣

形象聯想有助於激發學生的興趣,提高學生的聯想能力,充分調動他們的學習積極性,對記憶知識來說更是極其有利的。所以,很多學生在記憶知識的時候會走一些捷徑,這個捷徑便是形象聯想。比如,在學習知識的時候會對記憶素材進行形象聯想。

幼兒園的老師在教小朋友記憶數字的時候,會教一首數字歌:「1像筷子來吃飯,2像鴨子水中游,3像耳朵聽聲音,4像小旗隨風飄,5像秤鈎稱東西,6像豆芽開心笑,7像鐮刀割麥子,8像

兩個小圈圈，9 像蝌蚪小尾巴，0 像雞蛋做蛋糕。」這樣一來，孩子們很快就能記住這些數字。

　　在學習其他知識的時候，同樣可以利用形象聯想的方式進行記憶，如在看地圖的時候，學生只要記住中國的版圖像隻大公雞、意大利的輪廓圖像隻高跟靴子，進行聯想，就能很快記住。

方法 27 奇特聯想記憶法
——將平凡的事物變得光怪陸離

　　小時候我們總是容易被各種各樣的神話故事吸引，如東方神話故事中煉石補天、摶土造人的女媧，被砍去首級仍然能以乳為目、以臍為口、操干戚以舞的刑天，大鬧天宮的孫悟空，三頭六臂的哪吒……而對西方的神話傳說我們也有着極大的興趣，如吸血鬼，月圓之夜就會變身的狼人，對視一眼就能把人變成石像的蛇髮女妖美杜莎等等。我們不難發現，這些神話都有同樣的特徵：違背常理、違背邏輯、與平凡的事物有着莫大的區別，所以我們會對這些事物異常感興趣。愈是奇特、光怪陸離的事物，愈容易吸引我們的注意力，給我們留下深刻的印象。

　　生活中，可能有這樣的情況：一群人走在街頭，一眼望過去，大家的穿衣打扮都差不多。但如果其中有一兩個人穿了「漢服」、「cosplay 服」或者「lolita 服」，我們就會不由自主地記住他們，因為他們的打扮與眾不同，在普通人眼裏是非常奇特的。因為奇特，所以很容易給人留下較為深刻的印象。

　　我們每天所見的瑣碎、司空見慣之小事，一般都記不住。而聽到或見到的一些稀奇古怪的、醜惡的、驚人的、帶有低級趣味的不同尋常之事，卻能夠清楚記得並長期記憶。也就是説，日常生活中、平凡的、瑣碎的、司空見慣的事物我們很難記住，然而那些奇特的、荒謬的、誇張的事物卻總能夠讓我們念念不忘。

奇特聯想記憶法的關鍵在於奇特和聯想，將普通的、常見的事物在大腦中進行加工，化平凡為神奇，這樣就能產生出人意料的效果。

奇特聯想記憶法正是利用了這個原理來幫助我們進行記憶。在視覺、聽覺、嗅覺、觸覺等感覺器官感受的基礎上加入誇張的聯想，將平凡的、毫無特色的事物通過大腦的聯想進行誇張處理，甚至可以聯想成違背常理的事物，幫助我們進行記憶。這樣我們就會在不知不覺中留下深刻的印象，記憶起來也就變得非常輕鬆。

在使用奇特聯想記憶法的時候，我們需要注意四個要素：清晰性、誇張性、貼近性和運動性。

清晰性指的是在我們運用奇特聯想記憶法的時候，所聯想的事物一定要清楚、明白，不能似是而非。聯想的時候盡量把細節都想像出來。

誇張性指的是我們聯想事物時一定要新奇、可笑、誇張，甚至可以是離奇古怪的。這樣才能給我們帶來強烈的刺激，留下深刻的印象。

貼近性指的是在我們聯想事物的時候，應該盡量地和自己貼近，最好與自己產生密切的關聯。這樣才能夠讓自己完全置身於聯想的形象之中，從主觀的角度去感受和記憶。

運動性指的是讓我們聯想的事物呈現運動狀態，當我們所聯想的事物處於運動狀態時，就顯得更加生動有趣。

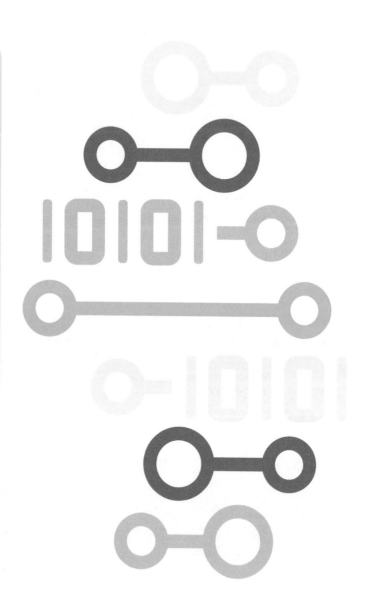

Chapter 4

讓記憶變得
鮮活起來

強化印象——色彩記憶法

一般來説，我們認識世界的主要方式是需要通過身體的各個感知器官去和世界上的各種事物進行接觸，那麼在視覺、聽覺、嗅覺、觸覺等感覺中，尤為重要的也最具直觀性的是視覺。換言之，我們需要通過眼睛去接觸、認識和了解這個世界中的大部分事物。

科學研究發現，嬰兒在出生時，對顏色還不是很敏感，能看到的只是黑、白兩色，在 5~6 個月的時候會逐漸建立起對色彩的感知，這時孩子就迎來了視覺的色彩期，對彩色特別敏感。在 2 歲的時候，孩子已經對這個五彩斑斕的世界充滿了好奇。但是最初孩子的大腦中並沒有顏色的概念，所以需要家長進行培養。

○─○ 不同顏色給人帶來不同感受

相比單調乏味的文字，色彩無疑是更具魅力和容易記憶的。不同的顏色所帶給人的感受也是不同的，紅色是一種能夠給人帶來強烈刺激的顏色，作為一種暖色調，給人以大膽、熱烈的感覺，使人的情緒興奮、活潑，但它也容易讓人情緒緊張，增強我們的心理壓力，所以很多警示符號都會用顯眼的紅色；藍色作為一種冷色調，能使人頭腦清醒，安撫我們情緒上的躁動不安，使我們的內心獲得平靜；綠色同樣是冷色調，它是一種帶着蓬勃生機的顏色，能夠消除人的精神疲勞和消極情緒，讓我們的內心安定下來；黃色作為一種暖色調，給人以溫暖的感覺，能夠促進人們的情緒穩定……

日本的暢銷書作家、心理諮詢師石井貴士在自己的著作《1 分鐘超強記憶法》中指出：「記憶的竅門在於善用色彩活化右腦。」心理學家們研究了眾多的顏色與人們注意力、記憶力之間的關係，

發現冷、暖色調對人的情緒有着不同的影響，相比之下，暖色調更能吸引人的注意力，引起人們興奮、緊張的情緒，提高人們的記憶力；而冷色調則能夠調節人的精神狀態，緩解煩躁的情緒，同樣有利於人們進行記憶。

○─○ 紅、黃、藍、綠能提高記憶效率

最新的研究結果證明：暖色調中的紅色、黃色和冷色調中的藍色、綠色這四種顏色能夠幫助人們更有效率地記住訊息。利用這四種顏色進行記憶，就是著名的「四色右腦記憶法」。

首先是紅色，我們都知道紅色是一種極其醒目的顏色，老師們批改卷子多用紅色筆。而在古代，也有很多人在蒙受極大的冤屈時，用自己的鮮血寫成訴狀、遺書、決心書等。警示標誌牌也多用紅色，紅色這個顏色本身就有警示、禁止的含義。當我們記憶的時候，把需要重點記憶的識記材料用紅筆圈出來，我們的注意力很容易就會被其吸引，在這個基礎上加以記憶。久而久之，自然看一眼就知道其內容是甚麼。

綠色可以用來圈點那些需要短暫的時間來反應的內容，用來記憶那些自己記得不甚清晰的文字和內容；黃色可以用來記憶那些雖然在記憶中留有些許痕跡；藍色可以用來記憶那些新奇的、給我們以新鮮體驗和感悟的內容。

而這個順序恰好與心理學中的記憶階段接軌，能夠使記憶效率達到最高。而且有別於黑白的彩色，更能吸引人的注意力，引起人的興趣，為枯燥的學業增添一絲樂趣。需要注意的是，顏色不可過多，否則繽紛多彩的顏色看得時間長了，難免會引起視覺疲勞，讓人無心學業，反而使學習和記憶的效率大打折扣。

看圖說話——
圖像記憶法

66

　　記憶和背誦一直以來都不是阿昊和阿承的強項，誰知道這次老師竟然設計了一個任務，説是根據幾個詞語編故事，詞語有「星星、猩猩、熔岩、珍珠、桌子、樹、黃山⋯⋯」阿昊一看這些零碎的詞語，非常困擾，不是忘了這個，就是忘了那個。

　　阿昊本來想去阿承那裏找找共鳴，誰知道阿承竟然已經開始編故事了，阿承説：「我原來也記不住，可是剛才同學教給我一個辦法，就是把這些詞語組成一幅畫面，這些詞語要相互關聯起來。把它們都包含在畫面中，我只需要記住這個圖像就好了。」

　　阿昊採取了阿承的建議，把老師給的詞語組成了一幅相互關聯的圖像：夜晚，懸崖底下是熾烈的熔岩，懸崖上長着一棵樹，樹下有張桌子，猩猩坐在桌子上凝望夜空，天上的星星讓它想起了深海裏的珍珠⋯⋯這個畫面牢牢地刻在了阿昊的腦海中，果然他很快就記住了這些詞語。

99

圖像記憶法，又叫右腦圖像記憶法，是目前最符合人類大腦運作模式的一種記憶方法。這種記憶方法能夠幫助人們在極其有限的時間內記住很多枯燥無趣、毫無規律可言的數字，而且這種記憶並非瞬時記憶，能夠在腦海中停留七八天。結合艾賓浩斯遺忘曲線進行適當的複習，能夠達到終身記憶的目的。

　　我們的大腦每天都接收到各種各樣的訊息，其中不可忽視的一種就是視覺訊息，視覺傳遞給大腦的是圖像，大腦像照相機一樣，將這些圖像定格為記憶。圖像既是記憶的一種形式，又是記憶的連接媒介。當我們回想的時候，能夠迅速地回想出當時的畫面、顏色、動作，甚至當時的聲音等，這便是成功的聯結，它在我們的記憶過程中起到了非常重要的作用。

　　記憶並非是單獨存在的個體，我們要做的就是將所學習的知識和所需要記憶的素材進行加工，把抽象的訊息處理成形象的圖像，把單調的數字或晦澀難懂的詞語加工成畫面，有效地利用圖像記憶法來幫助記憶。

　　圖像記憶法包括以下三步：

○─○ 第一步：將記憶素材進行分類

　　比如，名詞分為一類，動詞分為一類，形容詞分為一類。把具體的詞和抽象的詞分開，具體的詞有電腦、盆栽、公交車等，都是我們能夠直接聯想為圖像的訊息。而「知識」「時間」「友誼」之類的抽象詞就需要我們開動腦筋進行聯想，將這些詞語轉化為形象貼切的畫面。例如，時間可以聯想為一個鐘錶，知識可以聯想為一

本厚厚的書，友誼則是兩隻握在一起的手或是兩個攬着肩膀的人。

○─○ 第二步：將圖像進行整理

如電腦、盆栽、公交車、知識、時間、友誼等，是互不相干的幾個詞語，即使處理成圖像也是毫無關聯的。這就需要我們的大腦進行簡單的整理和加工，想像成相互聯繫的畫面。電腦的壁紙上有一輛公交車，車上放着一本書，一個盆栽正好壓在書上，盆栽的右下角顯示着時間，車頂上坐着兩個手拉手的小姑娘，她們正愜意地吹着風……這樣一來，所有的記憶對象都包含在一個畫面之中，各個對象之間也有了密切的關聯，不容易被遺漏。

○─○ 第三步：將圖像聯結起來並進行大膽的想像

因為很多識記材料是沒有關聯的，即使轉化為圖像也很容易出現漏記的情況，如「公交車」「電腦」「知識」這三個詞語是毫無關聯的，可是如果我們利用誇張的想像將這些圖像聯結在一起：男人把公交車縮小放進口袋，把書放在電腦桌前，電腦忽然自己張開嘴把書吃了進去，然後自動開機了……一幅新奇卻充滿了趣味的畫面就這樣呈現在我們的腦海之中，只怕我們一時間想忘記也不是件容易的事情。

當這些詞語相互之間產生了關聯時，就會在我們的大腦中留下深刻的印象，達到幫助記憶的目的。

記憶回放——
「過電影」式記憶法

花花在幼兒園裏上課有一陣子了，可是每次爸爸媽媽問她學了甚麼，她總是答不上來，爸爸急得給幼兒園的老師打了電話。老師卻説，花花學習很認真，上課專心聽講，講的內容她也都能理解，背誦起來非常流暢。老師甚至還給花花爸爸發了一段花花背誦歌謠的影片，果然很流暢。爸爸心裏更納悶了，為甚麼在幼兒園裏花花都能夠背出來，到家卻甚麼也答不上來呢？

爸爸靈機一動：「花花，今天爸爸把你送到幼兒園之後你都做了甚麼，能跟爸爸説説嗎？」花花想了想説：「老師帶我們做操。」説着竟然扭了起來，嘴裏還唸着「1、2、3、4，2、2、3、4……」

爸爸沒有打斷她，等花花做完了早操，她繼續説：「老師讓我們唱昨天教的歌謠《有禮貌的好寶寶》……」接着便哼起歌來。爸爸見花花把一天學的內容都回憶得差不多了，得意地沖媽媽眨眨眼睛，兩個人都為花花的聰明鼓起了掌。

過電影式記憶法，其實就是一種複習方法，是對經歷過的事情的一種複習。過電影説白了就是電視劇中用濫的情節「記憶回放」。記憶回放不僅能對前集的重要劇情進行提示，頻繁的播放還可以起到拖時長的作用。可是電視劇是有進度條的，想看哪裏看哪

裏，不想看了隨時可以快進，但我們腦海中的過電影卻不能這樣。這些記憶是大腦自發形成的記憶，也就是說，我們並沒有刻意地去記，但這些畫面依然在我們的腦海中留下了痕跡，屬無意識的記憶。那麼，我們就可以利用這種方式來幫助我們記憶需要記憶的內容。

比如，在學習的時候，也許我們已經是全神貫注地在學，但學習的成果卻不太樂觀。這時候我們就可以利用過電影式記憶法來進行複習和記憶，晚上睡覺前，我們可以將一天所學的知識進行梳理，通過記憶回放在腦海中重現某個學習過程，仔細回憶自己當時在甚麼樣的內容下畫了一道紅線，哪些地方是重點，老師在哪個知識點上說了甚麼樣的話等等。通過這種方式對已經學過的知識進行複習，在進一步消化和吸收這些知識的同時，不斷地加深記憶、強化記憶。

如果有甚麼地方想不起來，出現思路中斷的狀況，我們還可以通過一些輕鬆的畫面，如「老師講了個笑話」、「同學出糗」等提醒自己，通過聯想這些畫面將自己重新拉回到電影情節中去。我們還可以在腦海中記憶中斷的地方做一個標誌，因為這是我們記憶薄弱的地方，需要在第二天進行重點複習，以免出現遺忘的現象。

比喻記憶法——
生動形象的記憶

明朝著名的大學者解縉從小就是個神童，年紀輕輕卻才名遠揚，很多人因此不服，頗為嫉妒，其中包括很多達官顯貴。有一次，告老還鄉的李尚書宴請幾個達官顯貴並當場作詩，派人叫解縉前來應對，想借這個機會狠狠奚落解縉一番。

李尚書給解縉出了一個上聯：「牆上蘆葦，頭重腳輕根底淺」，讓解縉來對。這個上聯看似說的是蘆葦的生長狀態，實際上卻一語雙關，用來暗喻解縉，說他猶如這牆上生長的蘆葦，只會隨風搖擺，四處附和，根本無法長久生存。

聰明過人的解縉自然能領會其中真意，於是他出口對道：「山間竹筍，嘴尖皮厚腹中空。」同樣是雙關，同樣是暗喻，這位官員把解縉比作牆上蘆葦，解縉就將他比作竹筍，牙尖嘴利皮厚，實際上徒有虛名，並無真才實學，只會搖頭晃腦，誇誇其談。

很多文學作品運用了比喻的修辭手法之後，不但增添了趣味性，還能讓人輕鬆記憶。比喻記憶法指的是將識記對象運用修辭學中的比喻方法進行處理，使之變得生動、形象和具體，使我們記憶起來更加輕鬆高效，提高學習和記憶的效率。

在認識世界和學習知識的過程中，我們總要學到很多新的內

容，有的內容我們可以直觀地觀察，但是另外一些內容卻不是我們可以親眼所見的。在地理知識中，我們會學到地球的內部結構，接觸到地殼、地幔、地核這三個名詞。這是組成地球的三個部分，也是我們沒有見過的、很難想像出來的內容，那麼我們應該怎麼去理解呢？可以用比喻的修辭手法，把地球比作一個雞蛋，而地殼、地幔、地核分別是雞蛋的外殼、蛋白和蛋黃。雞蛋是日常生活中司空見慣的事物，生的雞蛋、熟的雞蛋我們見過太多了，因此不難想像。如此一聯繫，我們就能很容易理解地殼、地幔、地核的概念。記憶起來也不會出現混淆的情況。

比喻還能夠將平凡的事物轉化為另外一種新奇罕見的事物，如唐朝詩人白居易的《暮江吟》中寫道：「一道殘陽鋪水中，半江瑟瑟半江紅。可憐九月初三夜，露似真珠月似弓。」在這首詩中，白居易就用了比喻的修辭手法，將細而彎的上弦月比作一張弓，把草葉上細密的露珠比作閃耀的珍珠。這種比喻是最基礎的，比喻的本體和喻體之間存在着形狀的相似性，很容易聯想到一起，還有的比喻能夠巧妙地抓住事物的特徵，富有趣味性，讓人一見難忘。

比喻記憶法與類似聯想記憶法有着相通之處，都能以此喻彼，將未知的事物變成已知。但類似聯想記憶法的識記範圍要更廣泛，所需要的技巧也更多，比喻記憶法相對來說就簡單一些。只要我們用比喻的方法處理識記對象的時候，語言生動貼切，比喻時新穎巧妙，將陌生的事物變成熟悉的事物，將抽象的事物具體化，將深奧的事物淺顯化，就能留下難以忘懷的印象。不過，比喻的時候如果能夠充滿趣味性就更好了，當內容新奇、充滿趣味的時候，很容易就能引發我們的思考，記憶起來自然易如反掌。

情景記憶法——
記憶停在老地方

偉大的物理學家和數學家牛頓曾經經歷過一場火災,這場大火恰好燒着了他向陽的書房,令他失去了很多寶貴的論文稿件,他非常痛心,但是無法弄清楚當初究竟為甚麼會起火,僕人說沒有人走進他的屋子裏,也就是說火是自己燒起來的!牛頓記得自己明明吹滅了蠟燭,也沒有在桌子上放鏡片之類的東西,桌子上只有一塊普通玻璃板,怎麼會起火呢?

這個問題困擾了他足足兩年,才被他找到答案。那是一個普通的週末早晨,牛頓和往常一樣去洗臉,洗臉的時候他看了一眼鏡子,臉上的水珠順着臉頰滑下來,這時他的腦中忽然浮現出發生火災那天的情景。那天,他同樣是在洗臉池旁洗臉,看鏡子的時候臉上同樣掛着水珠,當時他的腦海中突然閃過一絲靈感,為了抓住這點靈感,他連臉都沒顧上擦就直接進入書房,在書桌前將靈感記錄下來之後,他才用毛巾擦乾臉和手離開了書房。

原來正是當時滴在玻璃片上的水珠,起到了透鏡的作用,經過陽光的照射在書稿上聚成了焦點,點燃了書稿,引起火災。如果不是在相同的情景之下,也許牛頓永遠回想不起當時造成火災的原因。

　　情景記憶指的是以時間和空間為坐標，對個人在某個固定的時間段以及某個地點親身經歷的某件事的記憶。簡言之，就是看到了相應的情景，就會回想起與之相關的經驗。

　　情景記憶屬遠事記憶的範疇，它能在人的大腦中保留很久。有時候我們之所以對一些之前似乎從未見過的人、事、物感到熟悉，是因為我們之前確實曾經見到過卻不曾留心。雖然我們自己漫不經心，大腦卻無差別地將這些訊息儲存起來，平時不會放出來打擾我們的思緒，可一旦再次回到某個熟悉的場景中，與之相關的回憶就會從腦海中悠然浮現。

　　細心的人會發現，情景記憶法與前文說過的過電影式記憶法有着相似之處。誠然，兩者都需要回憶當時的情景，但不同的是，過電影式記憶法依靠的是對情景的記憶，除非在想不起來的情況下，才會回到記憶的場景之中，僅僅在腦海中回憶的話，不需要回到特定的記憶場景中。

　　而情景記憶法不同，是因為回憶不起來，所以才需要回到相同的環境中去刺激大腦，喚醒記憶。所以我們會看到電視劇中幫助失憶的人找回記憶的其中一種方法就是讓他回到自己原來經常居住的環境之中。而日常生活中，當我們忘記甚麼東西的時候，也可以採用情景記憶法，回到相同的環境之中，利用相同的情景刺激和喚醒記憶。

方法 33 連鎖記憶法——
環環相扣

連鎖記憶法指的是將需要記憶的多種素材像鎖鏈一樣串聯起來，一環緊扣着一環，環環相連。記憶素材被連接在一起，從而被準確而完整地記錄下來，達到憶一牽百的效果。

隨着年齡和閱歷的增加，我們需要記憶的事物越來越多，而很多知識相互之間是沒有甚麼必然聯繫的，用死記硬背的方式記憶難免會讓我們浪費大量的時間和精力。這時候我們就需要找一些捷徑，將本來毫無關聯的記憶素材加工成環環相扣的記憶鎖鏈，達到快速記憶的效果。

那麼，如何加工呢？自然少不了聯想。用聯想的方法把枯燥的記憶素材變得生動形象、便於記憶。當然如果僅僅有聯想的話，就和奇特聯想記憶法沒有甚麼區別了，連鎖記憶法是在奇特聯想記憶法的基礎上進行再次加工，使記憶素材形成記憶鎖鏈，將不同的知識串在一起，便於記憶。

連鎖記憶法是一種結合了聯想的、較為系統化的記憶方法，也是在短時間內快速記住一長串訊息的方法。連鎖記憶法操作起來有幾個基本的步驟，其一就是進行奇特聯想，發揮自己的想像力，把記憶素材想像成具體的圖案，而且這個圖案必須和下一個記憶素材有關聯，這樣才便於我們將記憶素材銜接起來，有點像中國古代的回文詩。

連鎖記憶法的關鍵就在於連鎖，使記憶素材環環相扣，所以我們在對記憶素材進行聯想加工的時候尤其需要注意：記憶素材一定得是兩兩相連的，而且連接的時候所用到的是同一幅圖像。

　　舉例來説，如果我們想要記憶春風、柳樹、天鵝、水桶、微笑這些詞語，首先我們可以進行聯想：「春風吹拂過湖岸，岸邊柳樹抽出嫩綠的枝條，柳樹下幾隻天鵝正在啄着鮮嫩的柳葉。飼養員拎着食盆敲了敲，天鵝很快游到飼養員身邊吃食，一隻天鵝還將脖頸伸到水桶中喝水。飼養員等到天鵝們吃飽喝足之後，提着水桶站在湖中小島上，欣賞天鵝交頸的美景，春風拂過他的髮絲，他的臉上露出了滿足的微笑……」

　　根據這種方法進行學習，就能夠把很多互不相干的事物串聯在一起，只要想到其中一件，就能夠順藤摸瓜想到其他事情，記得又快又牢固，而且不容易遺忘。

爭論記憶法——
有爭執記得更清晰

思想交流的方式有很多種，其中讓人記憶最深刻的無疑是爭論。這裏的爭論指的並非是爭吵、衝突，而是針對所學的知識或者圍繞同一件事的不同觀點進行爭論、探討。《莊子·人間世》中説：「德蕩乎名，知出乎爭。」意思便是智慧出於爭論。俗話説：「鼓不敲不響，理不辯不明。」爭論能夠使我們的思維更加清晰。

在爭論的時候，我們必然會闡述自己的觀點，但我們的觀點就一定是正確的嗎？每個人的所見所學都有其局限性，難免會有不足之處，但當局者迷，如果沒有其他人跟我們爭論，我們很難發現自己觀點中的錯誤之處。

爭論的時候他人會質疑我們的觀點，受到質疑的同時，我們自己也會不斷地思考，並針對自己的觀點進行深入的考證和全面的分析，從不同的角度去深化我們對這個觀點的認識和理解，找出觀點中錯誤的部分進行糾正。而且在爭論的同時，正確的觀點會得到認可，這無疑加深了我們的記憶。爭論也使我們的觀點更為準確和全面，更能夠讓人信服。

在爭論的時候我們每個人幾乎是全身心投入進去，情緒高漲、精神緊繃，注意力也高度集中。所以爭論的每個重點，甚至是微小的細節都很容易被我們印刻在腦海之中，形成深刻的記憶。

和他人爭論的時候，他人的觀點能夠幫助我們拓展知識面，拓寬視野，還能夠暴露出我們知識結構中相對薄弱的環節，這也為我們的學習指出了一個明確的方向。

古往今來的很多名人在學習的時候，都是通過交流和爭論來集

思廣益，豐富自己的知識，增長見識。爭論記憶法便是利用了這些特點，來強化我們的記憶。

所以在很多情況下，我們能夠使用爭論記憶法來使自己記得更為迅速和輕鬆。在使用爭論記憶法的時候，我們需注意幾個細節。

○─○ 明確自己的目的

爭論是為了辨明是非，樹立正確的觀點，糾正錯誤的觀點，而不是為了鬥氣。如果為了一時之氣爭得面紅耳赤、風度全無，或是為了出風頭信口胡說、矇騙他人，便違背了爭論的初衷。爭論也無法起到積極的作用，只能給我們徒添煩惱。

○─○ 端正自己的態度

多數情況下的爭論會有正確和錯誤的看法之分，否則爭論也就不必繼續下去了。爭論本身就是要平等地容納各種不同的見解，當他人見解不對的時候，我們也應該保持友好交流的態度，指出對方的錯誤。同樣，當他人指出我們的錯誤時，我們也應該正視自己的錯誤，而不是固執己見，甚至遷怒對方。

○─○ 使用正確的方法

爭論的時候一定要緊扣當前的論題，討論一個問題的時候就事論事，不能離題，更不能攻擊對方。在爭論的同時注意獨立思考，接納他人意見的同時也要有自己的觀點，不能做左右搖擺的牆頭草。

爭論記憶法能夠幫助我們檢測自身的知識掌握度，幫助我們更為理性、辯證和全面地去思考問題。當我們的觀點被駁斥的時候，我們會幡然悔悟，謹記這次辯論；當他人認可了我們的觀點時，我們也堅定了自己的觀點，深化了記憶。所以無論最後爭論的結果如何，都能夠在我們的記憶中留下濃墨重彩的一筆。

方法 35 分點串聯記憶法
——將零碎記憶串成線

66

　　阿雪在學歷史的時候正好學到了春秋戰國時期的歷史，老師將春秋五霸：「齊桓公、宋襄公、晉文公、秦穆公、楚莊王」和戰國七雄：「齊國、楚國、韓國、燕國、趙國、魏國、秦國」劃為重點，要求學生們最好熟記這兩個知識點。這可難為了阿雪，她除了最後一統天下的秦國記得住，別的國家都記不住。而且她發現，自己記憶的時候總是容易記混，不是把宋襄公記成齊襄公，就是把魏國記成晉國。

　　阿雪的同學琳琳見狀說：「你怎麼還在背啊，有這麼難嗎？歷史老師上課的時候不是教給我們訣竅了嗎？一看你上課就沒有認真聽。老師不是在黑板上寫了嗎？要想記住春秋五霸，你就背誦『近聞（晉文）齊桓采松香（宋襄），鋸斷秦木（秦穆）留楚椿（楚莊）』。戰國七雄就更簡單了，直接背誦諧音『七叔含煙找圍巾（齊楚韓燕趙魏秦）』。這麼一來好玩又好記，你試試。」阿雪讀了幾遍，果然很快就將這兩個知識點記住了。

99

歷史老師教的方法，其實就是分點串聯記憶法，把知識點的重點找出來，穿成一串，隨後進行再次加工，最終達到便於記憶的目的。這跟遠古時代的結繩記事有着異曲同工之妙。

　　在遠古時代，人們尚未發明出數字和文字來，當他們有需要記錄的訊息時，該如何記錄呢？他們想到了一個好方法——結繩記事。遇到大事，就用繩子挽成一個大結；發生了小事，就用繩子挽成一個小的結，不同材質、不同顏色的繩結分別代表着不同的事物，只要看到某個繩結，就能夠想起來與之相應的事情。如此一來就方便了很多。

　　串聯記憶法普遍運用於各種知識的學習中，如記憶文學常識中的四書和五經——《孟子》、《論語》、《大學》、《中庸》以及《詩》、《書》、《禮》、《易》、《春秋》時，我們可以串聯記憶為「四叔猛掄大鐘，武警詩裏存遺書」。在記憶地理知識中的東亞五國：中國、朝鮮、韓國、日本、蒙古時，可記作「終日寒潮猛」等。

　　在分點串聯記憶法中，分點串聯的點就如同一根繩子，繩結就好比一個個進行過思維加工的記憶素材。這種思維加工的方法可以是諧音法也可以是聯想法，只要能夠把記憶素材加工得生動形象，就便於我們將零碎散亂的記憶素材串聯到一起，進行集中記憶。

宮殿記憶法——
搭建記憶宮殿

　　傳說中詩人西蒙尼德斯是一個博學強記的人才，有一次他受到邀請，在一次盛宴上進行朗誦表演。在名流聚會的大廳中，西蒙尼德斯飽含熱情地朗誦了一首讚美卡斯托爾和波拉克斯兩位神的抒情詩。

　　隨後他被人叫了出去，但就在他走出大廳的一剎那，大廳的屋頂突然倒塌，廳裏的人都被壓在殘破沉重的建築材料之下，從主人到賓客沒有一個人能夠倖免於難。屍體被砸得血肉模糊，死者的家屬即使想要收殮屍體，也沒有辦法分清楚哪一具屍體才是自己遇難的親人。

　　這時有官員找到了西蒙尼德斯，詢問他是否記得其中一小部分人，並且希望他能夠為死者家屬確認屍體提供一點幫助。出乎意料的是，西蒙尼德斯重新回到宴會廳現場的時候，竟然根據死者們在大廳內所坐的位置把宴會廳中的屍體一一辨認了出來。原來他竟然將進入大廳之後的所見全部記了下來，這是何等驚人的記憶力！而西蒙尼德斯所使用的記憶方法正是羅馬室記憶法的前身。

宮殿記憶法，又叫羅馬室記憶法、影像記憶法、軌跡記憶法，這種記憶方法因起源於古羅馬而得名，但根據記錄來看，這種記憶方法真正的源頭是古希臘，古羅馬人在古希臘人的基礎上發明了羅馬室記憶法。

　　宮殿記憶法的原理其實就是將記憶素材和我們已知的、熟悉的東西做一個聯結。比如，把記憶素材和我們日常生活中常見的事物聯繫起來，這樣一來，我們只要一見到這個事物，就能夠想起與之相關的記憶素材。只要我們理解了宮殿記憶法的記憶原理，它就可以變得平易近人，為我們所用。

○─○ 選擇自己的記憶宮殿

　　宮殿記憶法的操作步驟非常簡單，首先我們要選擇自己的記憶宮殿。這座記憶宮殿最好是我們日常生活中經常見到的、比較熟悉的場所。因為經常見到的、熟悉的事物才不容易被我們遺忘，比如，我們自己的家、辦公室、每天上班和回家的固定路線等，都可以作為我們的記憶宮殿。

　　如果我們將每天上班的固定路線作為記憶宮殿，那麼我們會依次看到路口的車站牌、街角的超市、第一個紅綠燈、立着巨大廣告牌的街角、第二個紅綠燈、第一個快速巴士站牌、第一個港鐵入口……我們需要給這些典型的事物編上號碼，然後將記憶素材和這些事物一一連接起來，愈具體的事物就愈方便我們對記憶素材進行存儲。儲存好之後，我們需要在大腦中按照我們日常的行進路線進

行記憶，只要我們的記憶路徑沒有錯誤，就不會出現記錯或漏記的情況。

○─○ 管理記憶素材

此外還要注意管理記憶素材，同一個地方不要放太多的記憶內容，相似的物體之間只選其中一個作為儲存記憶的地點——記憶椿，這樣不容易出現混亂的狀況。依次放置好自己的記憶素材，然後按照記憶路徑的行進順序熟記每一個我們儲存記憶的地點。如果擔心遺忘，那麼我們可以在記憶椿的附近增添一些特殊的符號。比如，如果想記住一台電腦，我們可以在記憶椿上放一個電腦的圖標；如果想記住一個甜點屋，我們可以在記憶椿中添加一個蛋糕的符號等等，這樣便於我們進行記憶管理。

構建好記憶宮殿之後，我們要經常使用它，對它進行擴充，這樣我們才能夠記住更多的內容。對記憶宮殿的使用也是對之前記住的內容的一種複習，避免我們因長期不複習而出現遺忘的現象。

路徑記憶法——
將記憶關聯到現實中

路徑記憶法指的是將我們需要記憶的事物放置在我們非常熟悉的道路上。這個放置並非是真的需要我們拿着記憶素材放到某條路上，而是要在思維中使記憶內容與道路上的各種事物產生關聯。這樣只要路過或者想到這條道路上的某個事物，便能夠回憶起相應的記憶內容。路徑記憶法和宮殿記憶雖然原理相似，但在實際操作時還是有明顯差別的。

路徑記憶法的路徑不是虛擬的，必須是我們日常生活中經常見到並產生了一定感情的道路，才能夠做我們的記憶路徑。這個路徑可以是我們小區外的一條街，也可以是公司附近的美食街，環境應該是比較安靜的，便於我們思考和記憶。

我們要將需要記憶的素材列出一個清單，這個清單可以是複雜的事物，也可以是簡單的事物。我們以購物清單為記憶素材，以某條我們熟悉的街道作為例子，看一下路徑記憶法是如何運作的。

首先，我們要想想街道上都有甚麼，一條街道上包含的事物有很多，可以選取道路中的一小截。將整條街的狀況準確地回憶起來之後，還要盡可能地選擇具有特色的、充滿趣味的、能夠讓我們輕易想起的店舖作為路徑中的記憶樁，如陶藝館比五金店更能讓我們產生興趣，有趣的路旁雕像比郵箱更容易被我們記住。

其次，需要在合適的距離之內選擇事物作為記憶樁，一般來説1~9 米的距離是兩個記憶樁之間的最佳距離，離得太近代表着我們要記住的內容更多，記憶的內容難免會互相干擾，這就給我們的記憶增加了負擔。而且維持在這個距離之內，只要從這個記憶樁往前走上幾步，很快就能到達另外一個記憶樁，便於我們進行記憶。

除此之外，**要注意避免相像事物的干擾**，如燒烤店和美食店意思相近，最好不要把兩者都選作記憶樁；路邊隨意停放的共享單車也有着極大的不穩定性，不適合作為我們的記憶樁。

在選擇記憶樁的時候我們應該選擇正常視角內的，不要將腳下的地磚、天上的飛機或飛鳥當作記憶樁。因為我們不可能每次走到街上的時候都低頭或者抬頭，飛機和小鳥也不可能每次都恰好經過我們的頭頂。選擇正常視角可見的事物保證了穩定性，更方便我們去記憶。

選定了合適的記憶樁之後，就需要我們結合購物清單上的東西進行聯想了，盡量將購物清單上需要記憶的內容和街道上的店舖聯繫起來，如可以將便利店和便利貼聯繫在一起，將理髮店和要買的洗髮水聯繫在一起，將沐浴露和游泳館聯繫在一起……

這樣一來，我們走這條路的時候能夠想起相應的記憶內容，將暫時性記憶轉變為持續性記憶，日復一日地重複之後，就能夠將持續性記憶轉變為長期記憶。如此一來，在行走之間記憶內容便得到了鞏固，相比死記硬背，的確為我們的記憶大大減輕了負擔。

奇像順序記憶法
——將靜態轉化為動態

　　心理學和神經學的研究表明，人的大腦有詳細的分工，慣於用左腦思考問題的人更具有邏輯性，在記憶一些邏輯性較強的關聯事物時會更加得心應手；而慣用右腦思考問題的人較為感性，記一些誇張的、刺激的、毫無邏輯的事物比較容易。這是因為左右腦的分工不同，左腦負責語言、概念、數字、分析、邏輯推理等功能，右腦則負責書寫、情緒、音樂、繪畫、空間幾何、想像、綜合等功能。

　　相對來說，我們的左腦更擅長邏輯性、條理性的思維，而右腦則在形象思維上有着不可取代的優勢。所以當右腦型思維者接觸到誇張的或者是色彩明艷的、能給人帶來極大刺激的事物時，超乎尋常的感官體驗給腦細胞帶來了劇烈的興奮感，在大腦中留下鮮明的印象，記憶也因此初步形成。

　　由於人們的左右腦發展是不平衡的，所以每個人所擁有的天賦也不盡相同，左腦發達的人容易理解和掌握數學和語言，右腦發達的人則更擅長表達情感和欣賞藝術。

　　儘管左右腦發育程度不同，但在日常生活中，我們認識、學習、思考和記憶事物都是需要左右腦合作才能夠完成。奇像順序記憶法就是集合了左右腦優勢的一種記憶方法，使用這種方法記憶時，既要用到左腦的邏輯思維，又要用到右腦的形象思維。

　　奇像順序記憶法其實也是聯想記憶法的一種，在生活中屬較為常見的一種記憶法。它的記憶原理跟奇特聯想記憶法有些相似，都需要經過聯想的加工，將枯燥乏味的記憶內容加工為奇特、誇張、能給人以強烈刺激的事物。但奇像順序記憶法相比奇特聯想記憶法多了一個要求，那便是順序關聯，也就是說，所聯想的畫面可以光

怪陸離，可以怪誕詭異，可以生動形象，甚至可以毫無邏輯性，但是一定要保證這些記憶內容之間有必然的順序關聯，不能是分崩離析、毫無瓜葛的。

○─○ 將靜態的事物，聯想成生動的形象

奇像順序記憶法具體的操作方法和眾多需要聯想的記憶法相同，第一步就是要整理和分析識記材料，整理之後找出靜態化的事物，並對其進行聯想，使之更加生動形象，便於記憶。我們可以把平面的事物聯想成立體化的，比如，我們記「火車」這個詞語的時候效果遠沒有記憶一輛鳴着笛、向我們開來的火車那麼好。所以我們記憶的時候不妨先進行聯想，將名詞做動態化處理。

奇像順序記憶法的聯想遵循了順序關聯的原理，各個記憶素材都是相互串聯到一起的，而不是彼此間毫無關係。在聯想的時候，同樣可以對記憶素材進行誇張的處理，也能夠增添和減少事物。

我們要注意的只是將我們所幻想的場景串到一起，可以超脫現實，但是要有一定的邏輯關係，這樣我們才能由這個記憶素材聯想到下一個記憶素材，再由下一個記憶素材聯想到下下個記憶素材……如此才能在短時間內記住更多毫無關聯的內容。

情境記憶法
——賦予記憶以感情

　　情境記憶法是一種在某些既定環境條件中進行記憶的方法。情境記憶指的是對自己在某個時空中親身經歷的某件事的記憶，即在某個時間節點、某個空間中所經歷的一件事情，會在我們的腦海中留下或深或淺的印象，平時我們也許根本就回想不起來，但當回到這個情境之中，或回想起這個情境的時候，就很容易回憶起在這個情境中曾經發生過的事。

　　記憶是有感情色彩的，強烈的情緒體驗能夠給大腦帶來強烈的刺激，讓我們的記憶更加深刻。情境記憶法的原理與之有相同之處，我們賦予記憶以情感是為了便於記憶，那麼相應地我們在學習和記憶的時候營造出一種適合學習和記憶的氛圍、情境，也能夠取得同樣的效果。

　　在教育學中有一個名詞叫「教學情境」，指的就是老師在授課過程中營造的一種適合學習的氛圍，能夠讓學生在短時間內進入學習狀態。我們可以發現，每所學校的建築類型是大致相同的，一般都配備：小食部、洗手間、操場、教室等等，而每間教室裏的佈置和設施也都是排列整齊的課桌、椅子、講台、黑板等。雖然略顯單調，但學生們進入教室，聽到上課鈴聲，就會自覺地坐到自己的位置上，調整精神狀態，將注意力集中起來，翻開書本準備開始上課，學習的積極性也隨之調動起來，這就是教學情境的魅力。

○━○ 環境中的氣氛能影響記憶力

　　我們會在環境的潛移默化中自動做出調整和改變，情境記憶法正是利用了這個特點，讓人在環境的影響下進行記憶。古時候就有

孟母三遷的故事，為了將兒子培養成才，孟母不惜三度搬遷，直到找到了一個良好的學習環境才安頓下來。

著名的思想家、教育家孔子也曾說過：「不憤不啟，不悱不發，舉一隅不以三隅反，則不復也。」這段話除了肯定啟發的重要性之外，還指出了教學情境的重要性：如果學生沒有融入教學情境之中，那麼教師的授課努力也與「填鴨」無異，不但無法將學生的積極性和主動性調動起來，也不利於學生的思維能力的發展。而當學生融入教學情境之中時，他們便會自覺地集中注意力，全神貫注地汲取知識。

很多學生雖然平時不好好學習，但是一到考試的時候，也會不由自主地拿起課本，針對知識重點背誦起來。因為他們遇到了緊張的狀況，嚴肅的環境為他們營造了一種緊迫感，在這種緊張情緒的促進之下，他們會忍不住翻出書本，努力記住更多的知識，以便在考場上發揮作用。

所以如果我們想要記憶知識的話，不妨給自己營造出相應的氣氛，幫助我們把注意力集中起來，同時調動自身的積極性，主動記憶和學習。而且在情境之中對突出記憶內容的特殊性有着很大的幫助，能夠促進我們產生記憶興奮點，加深記憶內容在大腦中留下的印象。

觸覺記憶法──
摸得到的記憶

銘銘和幾個小朋友在公園玩耍,他們玩的遊戲叫作「猜猜剛才誰經過」。銘銘被琳琳用眼罩蒙住眼睛,坐在石凳上,其他小朋友則在一邊嘻嘻哈哈地排好了隊。琳琳叫道:「遊戲開始。」排在隊首的曉曉走上前,琳琳說:「一隻小狗過去了。」曉曉連忙學着小狗「汪汪汪」地叫了兩聲。然後琳琳又說:「一隻小貓過去了。」跟在曉曉後邊的齊齊連忙學小貓叫道:「喵喵喵。」隨後經過的是小海,琳琳說:「一隻小羊過去了。」小海也學小羊叫了兩聲:「咩咩」……

很快銘銘就叫了停,學老虎叫的洋洋站在原地等着,蒙住眼睛的銘銘被琳琳牽着站起來走到洋洋面前。琳琳引着銘銘的手,銘銘摸了摸洋洋的臉,又摸了摸洋洋的衣服和手,說道:「我猜到了,是洋洋!」拉開眼罩,果然猜對了。

銘銘外婆看得驚訝極了,晚上拉着銘銘問道,銘銘說:「摸着不一樣啊,曉曉身上穿的是條蕾絲裙子,一摸就摸出來了;齊齊的臉軟軟的,很好捏;小海的頭髮短得扎手,身上穿的還是牛仔衣;洋洋的臉很有彈性,手背上還有小肉坑……」銘銘注意到這麼多的細節,可讓外婆大開眼界了。

在這個遊戲中，我們日常生活中不可缺少的視覺器官不發揮作用，而是依靠其他感官。以觸覺為主，聽覺、嗅覺等為輔，摸到、聽到和聞到之後再做出判斷。那麼我們會有這樣一個疑問：為甚麼會記住摸過的東西呢？觸覺是否也有記憶？

○—○ 觸覺能輔助記憶

日常生活中，我們習慣了用眼睛去認識世界，所以常常忽略觸覺，其實觸覺在我們的生活中是不可或缺的。我們偶爾會遭遇視覺發揮不了作用的狀況，這種情況下不得不憑藉雙手去觸摸物體，比如，在停電的屋子中摸到蠟燭、火柴或者打火機、電筒等。能在黑暗中準確地找出這些東西，正是因為觸覺記憶在發揮作用。

我們記憶事物並不是只依靠大腦，從發現事物、認識事物到記住事物的整個過程，每個感覺器官都在發揮其作用，觸覺只不過是其中的一個環節。觸覺在某些情況下不但能夠代替視覺和聽覺，對記憶來說也有一定的輔助作用。**在觸摸不同的物體時，會因為所觸摸物體的不同而產生不同的感受，不同的材料給我們的觸覺感受帶來的體驗也不同，這些多種多樣的材料帶給我們的各種各樣的刺激，留下了豐富的觸覺記憶。**

國外的研究人員做過一個關於觸覺記憶的實驗：

他們找來 82 名大學生，分為三個小組，讓他們依次受到視覺、聽覺、觸覺的刺激，每種刺激持續五秒。視覺刺激是給他們播放無聲的影片；聽覺刺激是播放一些日常生活中的聲音；觸覺刺激則是讓大學生們觸摸一些實體。待他們分別看過、聽過和觸摸過 60 種

東西之後，再分別體驗另外 60 種刺激，這 60 種刺激中有 30 種是全新的事物，另外 30 種則是他們之前體驗過的。第一組在感受過 60 種刺激的當天再次感受，第二組則在兩天之後再體驗另外 60 種刺激，第三組的再次體驗時間定在一周後。每讓他們體驗過一種刺激都會詢問他們，這個物品之前是接觸過，還是不曾接觸過。

實驗的結果證明，隨着時間間隔的增加，人們對實驗物品的識別能力會大幅度下降，對聽覺刺激的識記準確度遠低於視覺刺激和觸覺刺激，對視覺刺激與觸覺刺激的識記水平不分上下。也就是說，人的觸覺記憶絕不遜於視覺記憶。所以當我們想要對某些具備實體的事物進行記憶的時候，不妨試試觸覺記憶法。我們不需要刻意記憶，只需要去觸摸、去感受，這樣在不知不覺的情況下就能夠記住，而且記得又快又牢固。

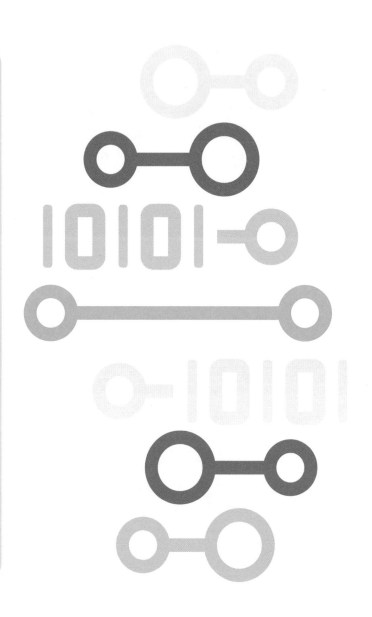

Chapter 5

快速記憶
的基礎方法

高中生阿磊和阿悅都學了白居易的《長恨歌》，全詩大約1000字，是課本中最長的一首詩了。阿磊用的就是囫圇吞棗、背誦全文的方法，一次次地重複。可是讀了很多遍之後，還是背下了上文忘記了下文。一次次的忘記終於把他的耐心消耗殆盡，他憤然把書扔到了一邊，放棄背誦了。

　　阿悅卻沒有盲目地直接背誦全文，而是在通讀全詩之後，給這首詩進行了分段。分完段之後，阿悅還怕分段太長不好背，給每個段又分了很多小節，這樣背誦起來果然輕鬆很多。由於她已經總結了每個段落的大意，所以也沒有出現背錯的情況，很快就把整首詩記住了。

　　背誦同一首詩，兩個學生的不同做法得到了截然不同的結果。有的學生先通讀課文，熟讀之後再進行整篇課文的背誦，一遍一遍地重複直到背會。然而很多學生會在背到一半的時候忘記後邊的內容，愁眉苦臉地把書丟到一邊，沒有信心繼續背下去。還有一些學生較聰明，在背誦全篇課文的時候會先將課文分段，一段一段地進行背誦，記住一段再背下一段，積少成多，最後把所有背誦過的段落連在一起。這種方法也需要大量的重複，但它明顯比一上來就囫

圇地背誦全篇要容易得多。

阿悅所使用的正是分段記憶法。**分段記憶法指的是將需要記憶的內容分成一個個小段落去逐個記憶。**很多學生用過這種方法，尤其在背誦長篇課文的時候，這種方法非常有效。

心理學家做過一個關於記憶的實驗，實驗的結果表明，一個人平均一次能記憶的單詞或數字為七個。我們一次性記憶的東西愈多就愈不容易記住，因為這不符合記憶的規律。分段記憶法恰好印證了這個道理，一次僅僅記住一句或幾句話可就簡單多了。所以，很多時候我們需要用到分段記憶法。

當我們執意對全部記憶內容進行整體記憶的時候，不但記不住，反而會把我們的耐心一點一點消磨掉，打擊記憶和學習的熱情，導致我們對自己的記憶水平失去信心。但分段之後就不一樣了，進行分段的過程就等於在化整為零，化難為易。

將大篇幅的記憶內容分成若干個段落，如果還是不好背誦，就將這些段落再細分為一個個小段落，分段的過程中，我們也在對記憶內容進行理解和分析，這無疑是在無形之中加深我們的記憶。所以當我們記憶一個個小段落時就更加得心應手。記得愈多，帶給我們的喜悅和自信就愈多，當我們的情緒和記憶的積極性被充分調動起來，有了戰勝困難的自信時，記憶的效率自然就提高了。

多通道記憶法
——雙管齊下

在教室上課的時候，阿樂的一顆心總也定不下來，時不時就要往窗外看上幾眼。老師看他走神，把他叫起來回答問題，阿樂緊張得不知所措，他連老師剛才問的是甚麼都沒聽見。

旁邊的同學小聲説：「選 C。」於是他連忙回答「選 C」，話音剛落，同學們哄堂大笑，阿樂臉漲得通紅。等老師説完，他才知道，老師剛才問的根本就不是選擇題。老師嘆口氣説道：「身在曹營心在漢，我剛才講的甚麼你知道嗎？」張樂羞愧地搖搖頭，老師接着説：「你雖然坐在這裏，但眼睛卻不往書上看，也沒聽講，更沒用心學習，這樣怎麼能學到東西呢？你站着上課吧，別再走神了。」

在古書《學記》中有一個名句：「學無當於五官，五官不得不治。」這句話的意思是，我們在學習和記憶的時候，如果沒有調動五官參與這個過程，那麼我們既學不好也記不住。宋代學者、教育家朱熹的想法與此不謀而合，他曾倡導讀書要三到：「謂心到、眼到、口到。心不在此，則眼不看仔細，心眼既不專一，卻只漫浪誦讀，決不能記，記亦不能久也。三到之中，心到最急，心既到矣，眼、口豈不到乎。」

很多教師在自己的教學生涯中也總結出了與之相關的經驗，所以我們常常能聽到老師這樣教育我們：「學習的時候不能只動嘴不動腦子」、「別光豎着耳朵聽，你們得記在腦子裏，省得左耳聽右耳冒」、「好記性不如爛筆頭，動筆寫下來」等。老師們要求學生學習的時候不僅要用眼睛去看，還要用耳朵去聽、嘴巴去讀、手去寫、腦子去思考，這些諄諄教導其實正是在教學生用多通道的方法去學習和記憶知識。

眾所周知，在認識和了解這個世界的過程中，我們需要身體各個部位的配合，需要用眼睛看到物體的形狀、顏色；用雙手觸摸物體，感受它們的材質、軟硬程度、溫度；用鼻子嗅到物體的氣味；用舌頭品嘗食物的口感；用耳朵聽美妙或嘈雜的聲音……我們的大腦接收訊息的渠道有很多：視覺、嗅覺、聽覺、觸覺等。那麼，我們是否能夠利用這麼多的渠道進行記憶呢？答案是「完全可以」。

上文我們說到可以依靠觸覺去記憶事物，同樣可以用聽覺、嗅覺、味覺來對一部分事物進行記憶，也可以調動多種感官一起為記憶活動努力，這種多感官一起介入記憶的方法就叫作多通道記憶法。

科學研究發現：從視覺器官中獲得的知識，人們僅能夠記住其中的 25%；而從聽覺器官中獲得的知識，人們僅能夠記住其中的 15%；但是如果我們將這兩種器官結合起來進行記憶，既看又聽，那麼我們能記住其中的 65%。也就是說，多通道記憶法遠比單通道記憶法能記住更多的知識。

所以在記憶的時候，我們可以將聽、說、讀、寫、思考有機地結合起來，調動眾多的感覺器官共同努力，這樣我們記住的內容才會更多。

方法 43　第一印象記憶法
——先入為主

阿璟幾乎每種水果都喜歡吃，每次回家的路上她都會買水果，連很多人聞不慣的榴槤她也吃得津津有味。但是有一種水果她卻從來沒有買過，那就是蜜瓜，她的家人和朋友都覺得奇怪，為甚麼蜜瓜這樣香甜可口的水果卻不受阿璟的喜歡呢？

原來，阿璟第一次吃蜜瓜是在鄰居家，鄰居家的小朋友把蜜瓜切塊後遞給了她，阿璟本以為入口的瓜應該是甜絲絲的，可沒想到一口咬下去，苦得她一張小臉都皺了起來，吃了一口之後便找藉口回家去了，沒吃完的蜜瓜也被她隨手丟掉了。從此以後，無論爸爸媽媽怎麼勸她，她都不肯再吃上一口，在阿璟的認知中，蜜瓜就和苦、難吃的概念畫上了等號，每次看到超市裏的蜜瓜，她腦子裏瞬間就冒出「苦澀」、「難吃」的印象，然後遠遠地躲開。

◎—◎ 記憶時我們會先入為主

阿璟對蜜瓜避之唯恐不及，這正是因為第一印象在發揮作用。在心理學上有一個名詞叫作首因效應，由美國的心理學家洛欽斯（A.S.Lochins）提出，又被稱為首次效應、第一印象效應、優先效應等。指的是在人與人交往時，雙方第一次見到彼此時留下的印象會影響今後的交往關係，比如，我們走在街頭向陌生人問路時，

看到兇神惡煞、滿臉不愉快的人會下意識地避開，因為潛意識裏覺得這個人脾氣差、不容易接近；而見到慈眉善目、笑容滿面的人，我們會在潛意識裏認為對方脾氣溫和，容易接近。雖然這種先入為主的印象並不一定正確，卻能夠在我們的記憶中留下鮮明、牢固的痕跡。事實上，我們的記憶同樣有着先入為主的特點，首次感知對記憶來說尤為重要。

第一印象記憶法正是利用首因效應的原理來進行記憶的一種方法。我們在第一次接觸之前從來沒有接觸過的事物時，總是充滿了好奇和求知慾，迫切地想要了解這種新鮮的事物。而正是對新鮮事物的興趣，讓我們留下了較為深刻的第一印象。而且這種第一印象不需要重複，也能夠在我們的記憶中長期保持下去，甚至形成永久記憶。

○─○ 掌握活用第一印象記憶法的方法

那麼，我們如何利用第一印象記憶法來增強記憶效果呢？首先，我們對初次接觸的事物要進行細緻的觀察，發現事物的特徵，這樣在我們的大腦之中就會盡可能多地儲存觀察得到的訊息。

其次，我們要對事物保持高度的注意，全神貫注地去感知事物，我們對它們投入的注意力愈多，記憶就愈深刻。如果我們只是漫不經心地對待事物，是無法讓這個事物在記憶中留下深刻印象的。

再次，對所觀察的事物，我們要投入極大的熱情。德國的心理學家艾賓浩斯說過這樣一句話：「保持和再現，在很大程度上依賴

於有關的心理活動第一次出現時注意和興趣的強度。在第一次生動鮮明的經驗之後，被燙傷了的兒童見了火會躲避，挨了打的狗見了鞭子就逃。」也就是説，在初次接觸事物時，我們的興趣愈大，熱情愈高，就愈能夠讓我們不由自主地投入更多的注意力，如此一來也就愈能在記憶中留下深刻的印記。所以在初次接觸事物的時候，我們一定要有高度的熱情。

最後，便是突出事物的特點。大量事實證明，愈是新奇的、罕見的事物，愈能夠在我們的記憶中留下深刻的印象。我們只需讓事物的特點凸顯出來，大腦受到足夠的刺激，自然會在記憶中烙下深深的印記。

頭尾記憶法
——首尾呼應

　　阿銘在自修課上背英語單詞，到第二節上英語課，老師用默寫單詞的方法檢測他們的背誦成果時，阿銘卻發現早上背過的單詞中，只能默寫出前三個單詞、最後兩個單詞，還有中間背誦的兩個簡單的單詞。這讓他非常沮喪，覺得一個早晨的時間全部浪費了。

　　他默寫出來的幾個單詞的拼寫都很複雜，有的甚至比中間單詞的拼寫長多了，為甚麼自己記不住中間的簡單單詞，卻能把前幾個和最後兩個較為複雜的單詞記住呢？

　　阿銘再次在一連幾個早上都嘗試了一遍，每次他都把前一天記住的單詞全部移出背誦列表，從第四個單詞開始背，他發現自己每天都仍然只記住了前幾個和最後幾個單詞。阿銘頓時開悟了，他利用這種規律改變了以往按部就班的背誦方法，把需要重點記憶的單詞放在首尾兩個位置，把需要複習的單詞放到中間位置。這樣他既能夠記住新單詞，又複習了之前背誦的老單詞，詞匯量逐漸增多了。

　　阿銘所使用的這種方法就是頭尾記憶法，我們在學習的時候也會遇到這種情況，中間的記不住，最開始和最後的內容反而很容易記住。這恰好符合心理學上的首尾效應，首尾效應是心理學上的一個發現：大量的實驗證明，人們傾向於記住最開始和末尾的事情，而對中間的事情則記憶力較為薄弱。

　　美國的心理學家荷蒲蘭德博士的實驗恰好印證了這個發現：他找來一些志願者，以 12 個單詞作為一組讓志願者進行記憶。結果每個志願者都牢牢地記住了第 1 個單詞、第 2 個單詞和第 12 個單詞，而從第 2 個單詞往後，志願者們記錯的概率大大增加，尤其是排在第七、八位的單詞錯誤率最高。也就是説，我們在記憶排在首位和末尾的訊息時，記憶效果最佳。頭尾記憶法就是利用這個規律，增強我們的記憶效果。

　　所以在學習的時候，我們可以利用這個規律，將需要重點記憶的內容放在開頭和末尾兩個位置。這樣才能夠在有限的學習時間裏，提高我們的學習效率，使我們的記憶效果達到最佳。

過度記憶法
——熟能生巧

　　阿耀與室友們外出去玩，室友們紛紛跑去打桌球，但他興趣不大，就跑去旁邊的溜冰場想學溜冰，於是立即租了一雙溜冰鞋，第一次接觸溜冰的他，只好扶着溜冰場邊上的欄杆一步一步慢慢滑，就這樣還好幾次差點摔倒。

　　滑了一會兒，同班的阿程也來溜冰，阿程也是第一次溜冰，兩個人相互扶持着往前滑，學了將近兩個小時，阿耀和阿程才勉強能夠不用人扶持，自己往前滑，阿耀滑得熟練一些。沒多久阿耀的同學就叫他一起回去，阿程則留下來繼續滑。

　　過了一段時間，阿耀和班裏的女生相約去溜冰，本打算教教這些女生怎麼滑，沒想到穿上溜冰鞋之後他竟然不會滑了，只能勉強保持平衡，好像上次學會的全部忘記了似的。此時阿程流暢地滑過來，説：「他確實會滑，大概是有一陣沒溜過冰，忘記怎麼滑了。我先給你們講技巧，等你們不扶欄杆也能保持平衡的時候再教你們滑。」給幾個女生講完技巧，阿耀被阿程帶着滑了兩圈，果然找回了之前的感覺，可他不明白為甚麼自己已經學會的技能竟然會忘記，而阿程沒有。阿程笑了笑説：「因為我隔幾天就來玩一會兒，滑得熟了就不會忘了。」

在日常生活中當我們掌握一種技能之後，如果剛一掌握就不再接觸這項技能，下次使用到時就會有陌生感，但是如果經常運用這項技能，就能夠熟練地掌握它。這正是過度記憶的效果，不管是游泳、駕車還是打球，掌握了基本的技巧之後，還需要繼續練習，直到熟記於心，這樣才能夠保證我們對這種技能記憶得牢固，這就是過度記憶法。

過度記憶法不是簡單地一遍一遍去重複識記素材，直到牢牢地刻在腦海之中，而是有技巧地重複記憶。美國的一位心理學家曾經這樣解釋過度記憶法：識記某一材料達到最低限度的熟記之後，只需要進行斷斷續續的溫習，就能夠形成深刻的記憶。**在恰好記住識記材料之後，再多記幾遍或者間隔一段時間之後進行複習，就能夠將這些識記材料牢牢記住，達到最好的記憶效果。**

德國的心理學家艾賓浩斯曾經進行過一項實驗，他將被試分為幾組，分別用不同的過度記憶次數對實驗中提供的記憶素材進行記憶。第一組在能夠背誦記憶素材的時候，再多讀上 8 遍，這種多讀即是過度記憶。第二組在能背誦記憶素材之後，多讀上 16 遍，以此類推，最後一組在能背誦記憶素材之後，又讀了 64 遍。如此過度記憶之後，對這些記憶素材進行複習，直至能夠準確地背誦。結果發現，被試讀的次數愈多，所記住的內容就愈多。所以，**記憶知識的時候，僅僅能夠背誦不一定能記得牢固、持久，只有在能夠背誦之後進行過度記憶，才能夠形成長期記憶。**

不過，這種過度記憶法也有一定的限度，不能一直重複背誦同一種記憶內容，這樣會浪費我們大量的時間和精力。

有意記憶法——
有預謀地記憶

宋朝有一個人叫陳正之，是個讀書人，但他只求多讀書，不求理解其中的內容。所以儘管他讀了很多本書，卻沒有掌握多少知識。他想是不是自己的記憶力天生不如他人，所以才會學無所成。

帶着這種疑問，他遇到了著名的學者朱熹，向朱熹提出了自己的疑問，朱熹仔細詢問了他讀書的過程，然後說：「其實不是你的記性不好，而是你讀書沒有明確的目的。讀書不能只圖看得快、看得多，還要用心去體會書裏所說的內容，體會書中真意，掌握書中的知識。讀更多的書並不代表懂得了更多的知識，所以你只是讀了很多書，並不是學到了很多知識，記不住是正常的。如果你想要學有所成，不妨帶着目的去讀書，放慢自己的讀書速度，仔細體會書中的內容，這樣就能夠掌握書裏的知識，也能記住了。」

陳正之按照朱熹所說的方式去讀書，讀完一本書就會認真地把書裏的要點總結出來，寫出自己讀書的感悟。這樣在日復一日的累積中，他的學識也有了增長，再也不像以前一樣記不住自己讀過的內容了。

朱熹提到的其實就是有意記憶法，當我們漫不經心地去記憶某些知識的時候，總是一轉眼就會忘記。而當我們抱着明確、堅定的目的去記憶時，卻能夠保持很久的記憶。帶有一定目的去記憶，就叫有意記憶法。

有意記憶法並是毫無依據的，心理學家曾經做過實驗，他們找到一所學校，請學校的老師配合實驗，實驗的對象是兩個班級的學生。

他們先讓老師設計一項背誦全文的作業，然後告訴兩個班級的學生，這個作業是第二天測驗的內容，結果第二天測驗的時候，兩個班級的學生都將這篇課文背誦了下來。隨後，他們讓老師對一個班級的學生透露，這篇課文在兩個星期之後還會再次測驗，對另一個班級則沒有交代。兩個星期之後，老師再次針對這項任務進行了測驗，結果被提前告知要測驗的班級背誦全文的成功率遠遠高於另一個班級。

心理學家解釋道：「這種結果的出現並不是因為兩個班級學生的智力水平有差異，而是因為老師提前告知其中一個班級要二次測驗。這等於給這個班級的學生立下了一個長遠的記憶目標，學生們有了更明確的目的，所以才能不斷地複習，使記憶維持更久。」

有意識記的時候，我們學習的積極性也會被調動起來，能夠為此付出更多的努力。所以我們在學習的時候完全可以培養這種習慣，**給自己立下一個明確的目標，系統地掌握所學知識後，努力完成長期記憶的目標**，這樣我們的學習效果和記憶效果都會更好。

理解記憶法——
在理解的基礎上記憶

理解記憶法又叫作意義記憶法，指的是在積極思考、理解記憶素材內容的基礎上進行記憶。有心理學家認為，學習的基礎不應該是記憶，而是理解，理解所學的內容能夠讓我們在增長知識的同時提高記憶力。

理解記憶法與機械記憶是背道而馳的。機械記憶不需要我們思索記憶素材所包含的意義，只需機械地去重複，直至記住。理解記憶法則需要我們分析記憶素材、了解記憶素材，不但要知其然，還要知其所以然，這樣才能懂得客觀事物的意義。在理解的基礎上進行記憶，會比機械記憶更有效率，記憶效果也更好。

理解記憶法是快速記憶法中最為基本，也是最有效的一種方法，很多記憶法都需要用到理解記憶，如上文所說的「有意記憶法」、「重複記憶法」、「爭論記憶法」等。

很多人也許有過這樣的經歷：背誦一篇古文的時候，如果不理解它的意思，即使我們一字一句地背誦下來，也很容易忘記。可是如果我們理解了整篇文章的意思，弄清楚了上一句和下一句之間的邏輯關係，體會了文章中所表達的感情，在領悟了全文真意的基礎上，稍加誦讀，就能夠形成較長期的記憶。

仔細觀察的話不難發現，小學課本上所收錄的詩大都是通俗易懂的，如孟浩然的《春曉》：「春眠不覺曉，處處聞啼鳥。夜來風雨聲，花落知多少。」；駱賓王的《詠鵝》：「鵝鵝鵝，曲項向天歌。白毛浮綠水，紅掌撥清波。」這些詩我們只是小時候背誦過，長大之後甚至沒有再接觸過，但是我們好像從來沒有忘記過，哪怕只聽到名字，就能夠背誦出整首詩。這正是因為我們在背誦之前先理解

了這些詩句的意思，加上詩句朗朗上口，又具有鮮明的畫面感，所以我們會保持長久的記憶，需要的時候自然能夠輕鬆地把它們從我們的大腦中提取出來。

掌握理解記憶的方法

那麼，我們如何做到理解記憶呢？第一，我們需要了解識記材料，對識記材料展開綜合的分析，理解其中的含義，總結出識記材料的要點和實質，弄清楚識記材料各個部分之間的邏輯關係以及如何運用到實踐中等等。

第二，要用到應用記憶法，在實踐中靈活地運用識記材料，加深對識記材料的理解。理解既是記憶的基礎，也是記憶的過程，在運用識記材料的時候，我們可以進行多種嘗試，如對識記材料進行分類，將識記材料和之前所學的知識放到一起，找出其中的關聯，和其他識記材料進行比較、對照等等。這樣對我們更深刻地理解和記住識記材料有極大的幫助。

間隔交替記憶法
——打斷記憶序列

　　一位老師在上課時拿出一個大瓶子，擺在桌子上，在學生的注視下開始往玻璃瓶中放大塊的石頭，才裝了五六塊，就裝到了瓶口。老師問道：「這個瓶子裝滿了嗎？」學生們異口同聲地回答：「裝滿了！」老師又從講桌裏掏出一些鵝卵石往瓶子裏裝，這些鵝卵石透過大塊石頭的縫隙漏下去掉到了瓶底，把大塊石頭間的縫隙填上了一部分。學生們有些猶豫地説：「也許還沒有滿，還可以再裝些甚麼。」

　　老師繼續往瓶子裏裝小石子，一把小石子順着大石頭和鵝卵石的縫隙漏了下去，接着又拿出一把細沙放了進去，同樣漫至瓶口。過了一會，老師打開水瓶朝着玻璃瓶口倒了進去，恰好漫到了玻璃瓶口。老師讓學生們思考這個實驗説明了甚麼道理，最後語重心長地説：「如果你們不先把大塊的石頭放進去，而是先放了其他東西，那麼這些大石頭就不能再放進去了。人生也是如此，要合理地分配自己的時間，才能做更多的事。」

其實換個角度理解，這個故事同樣適用於解釋間隔交替記憶法。我們的大腦就像這個玻璃瓶，如果我們一味地往裏邊裝大塊的石頭，很快瓶子就會裝不下。但是如果裝一塊大石頭，再依次裝一些鵝卵石、小石子、細沙、水進去，直到瓶子裝滿，相信瓶子能裝的東西會更多。大塊石頭恰如需要我們記憶的某種知識，鵝卵石和小石子則相當於另外兩種知識，細沙、水分別是運動娛樂和休息等項目。往瓶子裏裝大塊石頭和鵝卵石、小石子，就相當於大腦在工作，而放入細沙和水則是讓我們的大腦在工作之後暫時進行休息。我們在學到更多知識的同時還進行了休息和娛樂，有所收穫並放鬆了身心。

我們記憶東西也是如此，如果一直重複地去記憶數字、公式或是文字等單一的知識，那麼很快就會出現頭昏腦脹、疲勞、厭倦、注意力很難集中等狀況，記憶的效率也會變低。但是如果背一會課文，背煩了就換成記憶公式；公式背膩了，再背一會兒歷史或地理知識等等，就能夠達到緩解大腦疲勞和改善厭倦情緒的目的，保證我們學習的積極性。

○─○ 合理安排工作和休息時間，有效提升記憶力

在我們的記憶中，有着前攝抑制和倒攝抑制之説。前攝抑制指的是先學習的知識對後學習的知識有一定的干擾作用，倒攝抑制指的是後學習的知識對之前所學知識的保持和回憶有一定的干擾作用。例如，當我們學習英語音標的時候，會被之前所學的漢語拼音干擾，這就是前攝抑制；而當學會並能夠熟練使用英語音標之後再

回憶漢語拼音，後學的英語音標同樣會對我們回憶漢語拼音產生干擾，這就是倒攝抑制。

如何消除這種雙向抑制帶來的影響呢？這就需要我們打斷記憶的序列了，即可以在記憶序列中插入非記憶的內容，這種非記憶的內容可以是體力勞動、休息、散步、聽紓緩的音樂等。

有的學生能夠理解學校的課間休息，卻很排斥課間操、午睡等項目，認為這是浪費時間。其實這恰恰是我們調節精神，讓大腦休息的大好機會，只有給記憶序列多加上幾個開頭和結尾，才能夠削弱雙向抑制產生的影響。嘗試着合理安排自己的時間和精力，做到勞逸結合，才能以更積極的面貌、更踏實的態度去學習和記憶更多的知識。

方法 **49** 循環記憶法──
抓住遺忘規律

"

　　艾賓浩斯遺忘曲線是前文曾多次提到的內容，艾賓浩斯是德國一位著名的心理學家，也是第一個發現遺忘規律的人。他做過這樣一個實驗：記憶一些毫無規律的字母組合，如：「akgcw」、「eufhki」、「dkhjywe」，記住以後便開始做其他事情。一個小時後他再去回憶之前記憶的字母組合，發現自己已經把之前記住的字母忘得一乾二淨。他又找出另外一組同樣是毫無規律可言的字母組合，經過一番記憶之後，他將這些字母記在了腦海之中，但這次他擔心遺忘，並沒有等一個小時過去，就開始回想這些字母組合。結果一小時後，他仍然能夠流暢地背出這些字母。但是一天之後，他發現自己又忘記了背誦過的內容。經過多次實驗後，他根據實驗數據畫出了一條曲線，這就是揭示了人類遺忘規律的艾賓浩斯遺忘曲線。

"

　　艾賓浩斯發現，從記憶之初，也就是訊息被大腦接收的那一刻開始，遺忘就已經發生了。而且遺忘是有一定規律的，**遺忘的速度會隨着時間的流逝先快後慢**。我們剛記住一點東西之後的短時間內，是我們最容易遺忘的時候，如果不及時複習，我們只能夠記起其中一小部分，隨着時間的推移，遺忘速度才會有所下降。

艾賓浩斯找到了幾個節點，在這幾個節點之內進行複習、回想，能夠使記憶得以維持。第一個節點在識記之後的一個小時之內，這一個小時之內我們需要對識記素材進行回想，這樣才能削弱遺忘帶來的影響，達到維持記憶的目的。第二個節點在一天之後，第三個節點在三天之後，遵循這樣的規律能夠保證我們記憶的持久性。

　　循環記憶法正是利用了「艾賓浩斯遺忘曲線」所揭示的規律進行記憶，也是機械記憶法中最有效、最穩定的一種，因為它符合記憶的規律。在每次大腦出現遺忘時進行回想和複習，這種行為類似於往沙灘上踩腳印，每次沙灘上的腳印快被海水沖淡撫平時，就在原來印有腳印的地方重新踩下去，一遍一遍地重複，直到這個腳印深深地烙在沙灘上、印在腦海中。

　　循環記憶法的適用範圍很廣，我們能用它識記多種記憶素材，不管是英語單詞、數學公式，還是詩詞歌賦，循環記憶法都行之有效，且有着事半功倍的效果。因為它能讓我們有技巧地進行重複識記，避免了對時間和精力的不必要浪費，花費合理的時間、精力，就能讓這些記憶素材在我們腦海中留下深刻的印象，達到長期記憶大量訊息的目的。

觀察記憶法——
記憶的基礎步驟

在柯南·道爾的著作《福爾摩斯探案集》中有這樣一個細節，華生和福爾摩斯同時去觀察一塊剛剛到手的懷錶，兩個人的觀察方式不同，結果也全然不同。華生只是用眼睛去看，看懷錶的外形、指針、刻度等，總結出這只是一隻舊懷錶。

福爾摩斯卻用放大鏡仔細觀察出了更多的內容，在看懷錶殼背面的字母、數字、劃痕的同時也在思考，懷錶上的兩個字母代表的是姓氏還是其他？上邊的數字又與甚麼有關？為甚麼懷錶上有如此多的劃痕？能用這樣的懷錶的人是怎樣的人，有甚麼嗜好、怎樣的際遇？

經過觀察、分析，他推測字母代表姓氏，劃痕應該是懷錶主人給錶上弦的時候留下來的，一個人在神志清醒的狀態下是不可能在上弦的時候在錶殼上造成這麼多劃痕的，因此，主人應該是一個經常酗酒的醉鬼，常在喝醉之後、手不穩的狀況下給懷錶上弦；錶上所刻的數字是當舖常用的當票號碼，可見這隻錶經常被主人送去當舖，因此判斷懷錶主人的經濟狀況很不理想。

福爾摩斯和華生觀察事物的角度不同、觀察方式不同、知識結構不同、生活經驗不同、觀察力也不同。正是這種種不同導致了兩者觀察結果的巨大差異。

　　觀察是我們認識事物、了解事物的第一步，也是非常重要的一步。我們所認為的觀察，只是用眼睛去看，但事實上觀察應該是一種有多種感知器官共同參與的知覺活動。它不僅僅需要用眼睛去看，還需要用耳朵去聽、鼻子去聞、嘴巴去品嘗、手去觸摸、大腦去分析和思考等等。觀察應該是一個有目的、有計劃、有步驟、有成果、完整地了解事物的過程。

　　觀察不僅僅是認識事物的第一步，也是記憶的基礎。觀察力強，能夠抓住事物的眾多特徵，再加上首因效應的作用，記憶力相對來說也會更強；如果觀察力弱，觀察事物時很難抓住事物的細節特徵，那麼記憶力自然也就比較弱。

　　觀察記憶法就是要讓我們學會觀察事物，在觀察的過程中高效地進行記憶。那麼我們如何使用觀察記憶法呢？首先要學會帶着明確的目的，認真、仔細、全面地進行觀察。其次要培養自己的觀察力，可以嘗試將注意力集中在某個物體上，進行觀察之後閉上眼睛，在腦海中仔細回想該物體的細節，回想完畢之後和原物進行對比，看我們所回想的那些細節與之是否符合，糾正錯誤的部分。這樣我們再進行觀察的時候就知道該注意的要點了。

　　僅培養觀察力還是不夠的，我們要把觀察變成我們的習慣，隨時觀察、隨時思考、隨時記憶。在觀察、記憶的同時我們還需要克服主觀臆斷，盡量細緻、客觀、認真地觀察，觀察完畢要儘快做出總結。長此以往，我們的觀察力就能得到很好的磨煉，記憶力也能得到很大幅度的提升。

定椿記憶法——
一個釘子一隻眼

　　臨近期中考試，阿桐沒有心思出去玩，只是悶聲不響地坐在自己的書桌前做各科的模擬試卷。可是不管哪一科的題目，她都溫習得非常疲憊，因為很多簡單的選擇題她都要思考很久，明明已經背了很多個早上的內容，一到用的時候卻怎麼也想不起來。

　　這令她十分沮喪，覺得自己之前溫習付出的努力都是徒勞無功的。做題做得煩心，她索性合上課本休息，看着掛在牆上的山水圖發呆。視線掃過牆面，發現掛着山水圖的牆體旁有一團黑色的東西，阿桐本以為是哪裏飛過來的一隻小蟲子，走近一看，發現黑色的地方原來是個小洞。阿桐立刻想到，這是當時她和爸爸掛圖的時候釘錯位置留下的一個釘洞，阿桐看着釘洞入神，心想：記東西要是也能像拿着錘子往牆上釘釘子一樣就好了，這樣哪怕釘子被取下來，記憶也一樣存在，她就不用頻繁翻書也能夠想起之前背誦的知識了。

　　其實阿桐的這種想法並非不切實際，定椿法就符合她的要求。定椿法是一種實用性較強的記憶方法，它是由宮殿記憶法所引申出來的幫助我們運用邏輯記憶的一種方法。用定椿法去記憶，我們甚至能記住一本牛津字典。因為**定椿法不僅僅用到了機械記憶法中的聯想記憶，還用上了邏輯記憶**。邏輯記憶之所以比機械記憶效率

高，是因為它需要找出記憶素材之間的規律、邏輯，記住其中的規律便能夠記住所有的素材，而且這種記憶能夠在大腦中保持很久。

定樁法有身體樁、數字樁、時間樁、生肖樁、星座樁等。例如，身體樁要用身體的各個部位做樁子。

首先我們要定樁，定樁就是將身體的各個部位按照順序定下來，如頭、眼睛、鼻子、嘴巴、下巴、胳膊、肚子、膝蓋、腳踝、腳趾，這樣方便我們將需要記憶的內容聯繫起來。定下順序之後我們需要固樁，固樁指的是加深對身體各部位間順序的記憶。其次我們需要刪繁就簡，提取出記憶素材中關鍵的內容。

接下來我們就要運用自己的想像力，把上一步從記憶素材中提取出的關鍵詞轉化為圖像、場景等。想像完畢後，需要通過聯想的方式，把記憶素材轉化成的圖像與我們身體的各個部位聯繫到一起，隨後我們可以在腦海中進行回想，每摸到身體樁的一個部位，就立即聯想到與之相對應的圖像，以及轉化為圖像的關鍵詞和包含着關鍵詞的全部記憶素材。

最後我們需要將身體樁納入自己的知識結構之中，當然尤為重要的一點是要利用閒暇的時間進行複習，這樣我們才能夠更為穩固地掌握這些已經學習過並記住的知識。

數字樁、時間樁、物體樁等都可以按照身體樁的步驟來操作，掌握了科學的邏輯記憶方法，我們在學習和記憶時才能得心應手。

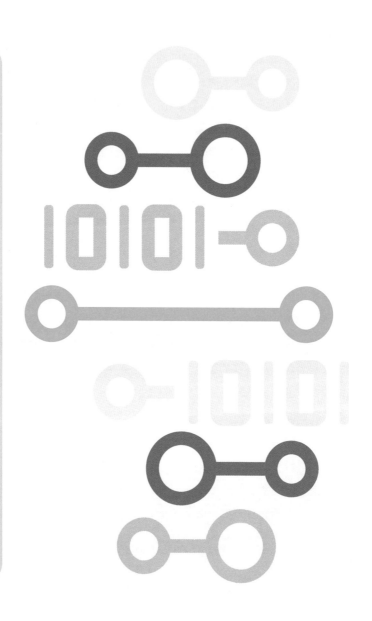

Chapter 6

生活中常見
的經典記憶法

方法 52 關鍵詞記憶法

音樂課上，老師把一首歌寫在黑板上，要求每個班的學生學唱。阿欣最怕背東西了，看見一長串歌詞就覺得眼花繚亂。她趴在桌子上鬱悶地嘆了口氣：「只怕這比《春江花月夜》還難背。」同學阿悅看她垂頭喪氣的樣子，說：「《春江花月夜》你都背下來了，還擔心這個嗎？這才 100 多字，還通俗易懂，你忘了我上次教給你的辦法啦？」

阿欣聽她這麼一說，打起了精神說道：「對，先提取關鍵詞！」兩人湊在一起商量起來：「第一句『以熱愛祖國為榮，以危害祖國為恥』的關鍵詞是祖國；第二句『以服務人民為榮，以背離人民為恥』的關鍵詞是人民；第三句『以崇尚科學為榮，以愚昧無知為恥』的關鍵詞是科學……」

就這樣，阿欣分別提取出了「祖國、人民、科學、勞動、團結互助、誠實守信、遵紀守法、艱苦奮鬥」等關鍵詞，而且她發現歌詞中「榮」與「恥」恰好是反義詞，這樣記憶起來就更輕鬆了。阿欣很快就記住了整首歌的歌詞，跟着音樂老師學了幾遍就會唱了。

關鍵詞記憶法，顧名思義，是要根據識記內容的關鍵詞來進行記憶。撇開網絡上大部分以吸引眼球為主的新聞標題不說，很多正規報紙上新聞的標題幾乎囊括了整個新聞的所有要點。忙碌的讀者只需看一看新聞標題，就大概知道了通篇要講的內容，這正是關鍵詞的魅力所在。

　　在學習詩詞文章的時候，我們通常需要背誦整篇詩詞，有時難免會出現背了上句忘下句的狀況。這個時候，旁人稍微給出一點涉及關鍵詞的小提示，我們就能馬上想起來下面的內容。其他科目的關鍵詞也發揮着重要的作用，比如，提起商鞅變法，我們只要記住幾個關鍵詞：郡縣制、土地私有制、重農抑商、加強中央集權、統一度量衡等，就能夠掌握商鞅變法相關的知識要點。

　　借用簡單的詞句記住複雜的內容是關鍵詞記憶法的優勢。那麼，如何使用關鍵詞記憶法呢？

　　首先我們要通讀記憶素材，全面地分析記憶素材的全部內容，隨後將知識點羅列成條，再從每條知識點中提取出關鍵詞。其次我們只需要記住關鍵詞，便能夠根據關鍵詞從腦海中提取出相關的知識要點。

　　如果擔心出現記錯、記漏關鍵詞的狀況，我們還可以繼續對關鍵詞進行加工，將其想像為某些畫面、情境，甚至聲音。這樣我們只要記住這些畫面，在回憶的時候就能完成從畫面到關鍵詞，再從關鍵詞到知識點，最後從知識點到全部記憶素材的訊息提取過程。

資料索引記憶法

　　阿傑最近在家閒着沒事做,打算學點建築學的知識,想到朋友阿維之前曾經對建築學感興趣,買了一大堆書,便去他那裏借書。阿維雖然喜歡看書,卻並不怎麼珍惜書,也不善於整理,很多書看完就隨手放到一邊,整個書櫃雖然擺放的書不少,但整體給人的感覺很亂。阿維把他帶到亂七八糟的書房,兩個人一起翻找了大半天,還是找不到一本與建築相關的書籍。

　　阿傑歇了好一會兒才說道:「不行,我實在看不下去了,我幫你把書房整理一下吧。」他們開始將不同類型的書擺放成一堆,再按照不同的類型整齊地擺到書櫃上,暢銷的、冷門的。然後阿傑拿起剪刀、馬克筆、白紙和雙面膠,做了不同的標籤製成一個書目索引。他分別把文學、語言、經濟、宗教、農業科學等標籤貼在相應的書櫃欄上,這麼一來果然清楚了很多,以後去找阿維借書就不用再費勁翻找了。

很多圖書館都有索引，當我們需要借閱一本圖書的時候，只要通過索引進行查找，很快就能找到，這就不由得讓人聯想到記憶。科學家的研究發現，人類的大腦能儲存 1000 億個訊息單位，如此大的訊息量，我們怎麼才能在需要某則訊息的時候迅速將其從大腦中提取出來呢？

要知道大腦裏的訊息並不像我們所想像的那樣條理分明，找一條我們需要的訊息，就如同阿傑在阿維所有書籍散亂堆放著的書房中尋找一本建築學的書一樣，讓人完全不知道從何找起。我們怎麼才能夠摒棄無價值的訊息，快速而準確地找到所需要的訊息呢？換言之，有甚麼辦法能讓我們的記憶也有這樣的索引呢？資料索引記憶法無疑是正確的選擇。

資料索引記憶法是邏輯記憶的一種，用資料索引記憶法去記憶知識和提取知識，相當於拿着地圖探尋寶藏。它能夠幫助我們過濾掉不需要的訊息，明確地指出寶藏的所在，在省時省力方面有着驚人的優勢。

那麼，資料索引記憶法如何操作呢？

首先，我們要為需要識記的素材做出標記，找到資料的來源，並進行標籤化的精簡概括；其次，需要為記憶素材進行歸類，並給識記素材打上所屬門類的標籤；最後，需要將資料來源的標籤和所屬門類、表達的主題等標籤聯合在一起進行記憶。這樣一來，完全不必死記硬背，只需要以邏輯記憶的方法，有技巧地掌握識記材料的規律，便能夠輕鬆地記憶一連串的訊息。

一大早，小薇就揹着背包出了門，今天是小薇的好朋友小珂的生日，她會到小珂家慶祝，會晚點回家。到了傍晚時分，忽然刮起了大風，天上電閃雷鳴，下起了大雨。爸爸有些擔心女兒，怕她在惡劣天氣下回不到家，正想出門去接女兒回家。媽媽説：「不用折騰，她絕對不會淋雨回來的，説不定現在已經準備在小珂家吃晚飯了。」就在這個時候爸爸的手機響了起來，小薇跟他交代今天不回來，住在小珂家的事。爸爸叮囑了兩句掛斷了電話，回頭向媽媽問道：「你怎麼知道女兒會打電話回來説不回家？你好像一點都不擔心女兒啊？」

媽媽説道：「因為我了解女兒啊，剛才去收拾房間，看到她的洗漱用品不見了，她經常抱着睡的小兔子也不在，我就知道她肯定是擔心今天回不來，索性把這些東西都裝到包裹有備無患。雨下成這個樣子，小珂的爸爸媽媽一定不放心她一個人乘車回來，肯定會讓她留宿，所以我還有甚麼好擔心的呢？」

邏輯推理是我們經常會用到的一種能力。看到玻璃杯從高高的桌子上跌落下來，迎接它的是堅硬的水泥地面，我們幾乎可以預見到玻璃杯撞到地面上、摔得粉碎的樣子；看到天上下雨，則很快想到地上會變得潮濕。這兩個結論我們是怎麼得出來的呢？其實就是用了邏輯推理。也許我們很難察覺到，但推理就在我們不曾察覺的情況下悄無聲息地發揮了作用。

　　推理是需要運用邏輯思維的，邏輯思維在生活中的方方面面都有所體現。一個邏輯思維能力強的人通常推理能力出眾，能夠迅速地抓住事情的關鍵點、找出事物之間的聯繫，這種人說起話來也很有條理，不太容易受到他人的愚弄和欺騙。

　　邏輯思維在記憶當中也有着不可小覷的作用，邏輯記憶法就是需要運用邏輯思維的一種人類特有的記憶方法。具體指的是把事物的意義和特點、事物的內在規律及事物間的關係等內容通過邏輯思維的加工，用精練的詞語提取出概念、定理、公式、觀點的方法。

　　簡言之，它是以詞語為中介，用邏輯思維高度概括複雜的記憶素材中的重點，然後以這種邏輯思維的成果作為記憶內容，在腦海中留下印象，便於進行記憶的一種方法。

　　要想使用邏輯記憶法，首先要對記憶素材進行觀察、比較、分析、綜合、抽象、概括、判斷、推理；其次要找出記憶素材在邏輯上存在的某種關聯，這種關聯可以是：因果、相似、相近、同類、從屬、反義、對照、遞進、衍生等。

　　找出這些記憶素材內在的關聯之後，便可以用精練的詞匯提取其中的要點，進而將所需要記憶的內容連成一片。這樣我們記住一個內容，就能順勢推導出其他記憶內容，達到「憶一牽百」的效果，使邏輯記憶法在日常生活中發揮出更大的作用。

方法 55 　圖表記憶法

圖表記憶法是使用圖片和表格等方式來幫助我們記憶知識點的一種記憶方法。也許有人會問，記點知識為甚麼還需要用到圖片和表格之類的東西呢？因為這兩者有着不可替代的優勢。

○─○ 圖像形象生動，令人印象深刻

我們首先來分析一下圖片的優勢。和單調乏味的文字比起來，圖片更為生動形象，更容易給人以深刻的印象。

我們不妨來試着回憶一部經典的電影，提起周星馳的《大話西遊之大聖娶親》，相信很多人都對那段「曾經有一份真摯的愛情放在我面前，我沒有珍惜……」的台詞津津樂道，但很多人未必能夠將這段台詞完整地記下來，其他很多經典台詞更不必説。但如果説到經典的畫面，相信很多人的腦海中都能清晰地浮現出「紫霞仙子和夕陽武士在殘破頹敗的城牆上對峙」的畫面，也能浮現出「孫悟空雙手握着橫在肩頭的金箍棒，一步步走遠的落寞身影」，這就是圖片獨有的魅力。

美國著名的圖論學者哈拉里（F. Harary）説過：「千言萬語不及一張圖。」回想起一段文字並不是一件容易的事情，但回想起一幅畫面，對我們來説卻非常簡單。對記憶來説，記住圖片能夠更有效地開發我們的大腦，使我們的記憶更為深刻。

表格能總結材料，令記憶更準確

表格的優勢就更為明顯了，學生時代我們在課本上見過太多的表格。用表格呈現材料，會更加直觀和一目瞭然，不管是橫向對比還是縱向對比，內容都能非常直觀地呈現出來。這對我們找出各個知識點之間的聯繫來說有着巨大幫助，而且用表格總結材料，會使我們記憶起來更加方便、準確。

圖表記憶法在我們的學習生活中隨處可見，如初中時背誦的《化學元素週期表》、《中國歷史朝代年表》等，都是在利用圖表的方式來幫助我們進行記憶。

如何運用圖表記憶法進行學習和記憶呢？首先要把記憶素材歸類，這是很多記憶法中必須經歷的一個過程，將記憶素材歸類之後，找出各個記憶素材之間的共性、區別和聯繫，隨後用盡量簡潔的文字、圖像甚至是符號來代替繁雜的記憶素材，這樣會更容易在我們的腦海中留下深刻的印象。

製作圖表的時候需要注意，圖表一定要簡潔易懂，一目瞭然。如果圖表的內容難以理解，無疑會浪費我們的時間和精力；反之，如果圖表簡單易懂，那麼我們很快就能夠抓住各個知識點，掌握它們之間的共性和差別，這對我們記憶的準確性以及記憶能力的增強有着很大的幫助。

思維導圖記憶法

　　相對於繁雜的報告內容，考點思維導圖明顯要簡單很多，方便我們進行理解和記憶。思維導圖又叫作心智圖，是圖形思維工具的一種，它能有效地表達發散性思維，並能簡單有效地對放射性思考進行具體化處理。看過思維導圖的人不難發現，思維導圖有一個共性，所有的知識點都是從一個思考中心發散出來的，每一個知識點又能發散成其他幾個更為詳細的知識點。

　　這和我們大腦的思考方式相同，我們在接觸外部事物時，眼睛所看到的圖像、顏色、文字、符號；嘴巴品嚐到的味道；耳朵聽到的聲音、節奏；手觸摸產生的感覺；偶然生出的想法等等，最終都是要回應大腦，以大腦為感覺和思考中心的。身體的各個感官只是大腦思維導圖中的眾多節點。所接收到的資料、訊息都是由某個感官發散出來的。**任意一個文字、符號、線條、意象等都可以成為一個思考中心，並能夠從這個中心往外發散出眾多的節點，而這些節點又能夠成為新的思考中心，繼續向外發散，這就是思維導圖。**

　　仔細觀察的話不難發現，思維導圖大多是圖文並茂的，為了更好地給人留下印象和區分重點，大部分思維導圖會用到多種顏色、圖像等。這樣能夠充分地開發和運用左右腦的機能，使左右腦平衡發展，激發我們的潛能。

　　思維導圖記憶法又稱思維導圖全腦記憶法，顧名思義，就是利用思維導圖的方式進行記憶。思維導圖的記憶方式在我們生活和工作的各個方面都適用，因為它具有直觀、清晰和無限延伸的優勢，讓我們在深入學習和了解知識點的同時深化記憶，有利於我們進行發散思維，還能啟發我們以更科學、更有效的方式進行學習和思

考，提高學習效率，激發聯想和創意，有助於我們形成系統的學習和思維習慣。

　　所以當我們想要高效地學習和記憶時，不妨嘗試運用思維導圖將需要記憶的內容進行整合，整合的同時，既要聯繫之前所學到的相關舊知識，還要發揮自身的聯想能力，將零碎的知識納入思考中心，並與之前記憶的知識點相聯結，最終形成一個完整的記憶體系。這樣我們才能更快地實現自己學習、記憶的目標。

數字記憶法

數字記憶法又叫作數字編程記憶法,是通過聯想的方式把記憶內容和數字綁定在一起進行記憶的一種方法。數字編程記憶法將每個阿拉伯數字進行編碼,轉變為一個生動的形象,這樣便於和記憶的內容進行聯繫。

數字記憶法的具體操作方式非常簡單,首先我們需要將阿拉伯數字進行形象化的聯想。假設我們要去超市購物,購物之前我們對生活用品進行了盤點,發現需要購買的物品有 8 種:魚、肉、蔬菜、曬被繩、衛生紙、耳機、凳子、飛行棋。那麼我們就可以列出 8 個阿拉伯數字,並對數字進行形象化處理。

數字 1 像一根筷子、一棵樹、一支筆。我們需要從這些相似的物品中找出最符合記憶內容的一個。我們可以將一棵樹作為數字 1 的最終處理結果,因為造衛生紙的一個重要原料是木漿,而且衛生紙的形狀就像一個大寫加粗的 1,所以我們可以嘗試着把數字 1 和衛生紙聯繫在一起。

數字 2 像一隻在水裏游來遊去的小鴨子。我們可以由在河裏游泳的小鴨子進行深入聯想:為甚麼小鴨子在河裏呢?因為它在捉魚吃。由此可以將數字 2 和魚聯繫起來。

數字 3 的形狀像耳朵,由耳朵想到耳機,所以我們可以很自然地將數字 3 和耳機聯繫到一起。

數字 4 看上去像一個坐在椅子上、蹺着二郎腿的人,我們可以試着將數字 4 與凳子聯繫到一起。

數字 5 的形狀就像是一個秤鉤，以前在菜市場買菜的時候經常會用到秤，稱出菜的斤兩好計算價錢，所以我們可以將它和蔬菜聯繫到一起。

　　數字 6 可以通過諧音的方式與肉聯繫在一起。

　　數字 7 同樣可以通過諧音的方式和飛行棋聯繫到一起。

　　數字 8 與捆紮好的曬被繩形狀一致，所以兩者也可以聯繫到一起。

　　這樣一來，我們回憶自己需要採購的東西時，只需要按照阿拉伯數字的排列順序逐一進行聯想，就能夠從大腦提取出相應的訊息。

　　完成數字編碼之後還有非常重要的一個步驟，就是回憶。為了防止記憶不穩固，我們需要一個數字接一個數字地進行回想，從 1 到 8，依次進行回憶，這樣能夠保證記憶的準確性，保證在短時間內不會出現遺忘的情況，清楚準確地記住所要記憶的內容。

組合記憶法

　　組合記憶法是把多種記憶方法結合在一起進行記憶的一種方法，前文介紹的很多種記憶方法其實涉及兩種或兩種以上的記憶方法。**除非是照本宣科地死記硬背，否則我們的記憶步驟中一定有分析、歸納等必經的步驟，有的還需要運用形象聯想、諧音聯想等記憶方式，這正是組合記憶法的一種基本形式。**

　　無論記憶甚麼類型的知識，要想記憶的效率高、效果持久，必然要用到某些記憶方法。有時候單一的記憶方法未必能達到快速記憶、系統記憶的目的，所以我們需要將多種記憶方法結合起來進行記憶。

　　比如，近代歷史上著名的人物及其成就這樣一個簡單的歷史題裏面就包含了很多個知識點，近代歷史上著名的人物有很多：負責修建京張鐵路的中國首位鐵路工程師詹天佑；翻譯了英國生物學家赫胥黎的《天演論》，並宣傳了「物競天擇，適者生存」這個觀點的嚴複；編著了世界地理歷史知識綜合性圖書《海國圖志》的魏源；製造出中國第一部蒸汽機的華蘅芳和徐壽等等。

　　每個人物都是一個新的知識點，對學生來説，這些知識點都是至關重要的，僅僅記住這些人物的名字是遠遠不夠的，還需要記住他們的著作、成就以及在歷史上的意義、所起到的作用等。

　　在記憶這些知識點的時候，僅靠死記硬背或是單一的記憶法，記憶效果並不明顯。所以我們可以嘗試結合聯想記憶法、諧音記憶法、路徑記憶法、定樁記憶法等多種方法來進行記憶。這樣不僅能達到快速記憶的目的，還能保證記憶的效果達到最佳。

掌握了記憶的方法，並不代表我們的記憶力就得到了全面的提升，提升記憶力的關鍵還在於能否將這些記憶方法靈活地運用到實踐中。當需要記憶的內容較多或者類型較為複雜的時候，可以嘗試着把多種記憶方式結合在一起應用，這樣能讓各種記憶法發揮各自所長，我們自己的記憶和思維也能得到很好的鍛煉，長此以往，記憶力會得到提升。

方法59 拆解記憶法

拆解記憶法，顧名思義，是把記憶的內容進行拆分處理後再進行記憶的一種方法。這有點像分段記憶法，如果需要記憶的內容過長、過多，那麼就將其進行分段處理，這樣記憶起來就更為方便了，能避免因為記憶長篇內容效果不佳而產生厭倦的心理。兩者對比來說，拆解記憶法比分段記憶法更為詳細。

如果說**分段記憶法用來背誦長篇的文章比較有效，那麼拆解記憶法用來拆解字、詞或單詞會更適合。**

用拆解記憶法記憶中文字、詞

如果整體去記憶這些詞匯，我們會發現記憶效果並不那麼理想，不是忘記讀音，就是忘記怎麼寫。但是如果我們用拆解記憶法，那麼記「酕醄」時，可以把偏旁分開來記憶，兩者的左偏旁都是酉字旁，兩者的讀音則恰好與右偏旁毛、匋兩字相同，酕醄的意思為：大醉的樣子。由於酉字又是酒的組成部分，這樣一來，詞語的讀音、詞語的拼寫，還有詞語的意思就容易記憶多了。其他詞語也可以採用這種方式，如「躨跜、酩酊、魍魎」等。複雜的詞語我們都能夠在拆解之後利用聯想的方法來進行記憶。

所以，**與分段記憶法比起來，拆解記憶法的應用範圍要稍微小一些，**但是在某些特定的範圍內，如記憶詞匯和英語單詞方面卻有着出人意料的效果，尤其是背誦英語單詞，備考雅思的人應該深有體會。

○─○ 用拆解記憶法記憶英文單詞

雅思（IELTS）考試對英語詞匯量的需求非常大，有甚麼辦法能夠讓我們又快又好地記住大量的單詞呢？拆解記憶法就是最適合的選擇。

一個英語單詞可以拆解為多個英語單詞進行記憶，如 brink 有（河、懸崖峭壁等的）邊沿；（危險的）邊緣；初始狀態等意思。我們可以將這個單詞進行拆解，brink 是由 brine（海水）和 ink（墨水）兩者組成的，它的讀音與 blink（眨眼）相似，拼寫和 bring（帶來）相似。把海水、墨水、帶來、邊緣、眨眼組成一句話就是：帶着筆墨來到懸崖邊作畫，泛着太陽光的海水，讓他忍不住眨了眨眼睛。這樣一來我們就能記憶五個單詞。

可以説拆解記憶法是一種記憶詞匯更專業、更對口的方法。這種拆解記憶法，能讓我們用更少的時間記憶更多、更複雜的內容，而且快速記憶的同時還能保證記憶效果的牢固性，用來記憶英文單詞和複雜詞語的確再合適不過。

方法 **60** 分散記憶法

"

　　阿宗是一個好奇心很強的人，甚麼事情都想知道為甚麼，例如為甚麼總是早上的自修課背書，下午的自修課做練習題呢？他對學校的教學安排產生了濃厚的興趣：「為甚麼不能晚上讀書，早上做題呢？」

　　第二天早上的自修課，阿宗坐下來做起了練習題，由於擔心周圍同學背書的聲音打擾他思考，他還搬着桌子獨自去另外一間空教室。下課之後同學章明去找他，發現阿宗竟然趴在桌子上睡着了。而到了下午的自修課，阿宗卻發現自己背書的效率並不是很高，平時能很快背誦下來的古文竟然一連背誦了三堂才完全記住，而章明只用了一個早上就會背了。這下阿宗死心了，他的實驗也宣告失敗。

　　章明總結道：「早上由於我們剛剛睡醒，要是不站起來大聲背書趕跑瞌睡，很快就會再次被睡意侵擾，記憶效率就會下降，而且早上我們的大腦剛經過一個晚上的休息，身體和腦力都調整到了最佳的狀態，接受能力比較強，所以才會記得快。到了下午的時候，我們已經經過了一整天的學習，記了太多的東西，精神上相對來說比較疲憊，不再適合背書和記憶新的內容。這個時候做一些練習題，總結一下今天學到的內容，有助於鞏固知識，所以學習效率比較高。」

"

我們可以發現在學校的時候，學生學習時間的安排是有一定規律的。甚麼時候適合背書、甚麼時候適合做題都有明確的規定，且這種時間安排適用於大部分學生。這是因為學校的安排遵循了大腦的作息規律。分散記憶法也是一種遵循大腦作息規律進行記憶的方法。

　　學習一段時間後，精神會感到疲憊，如果這時我們繼續學習，那麼收效必然不盡如人意。但是如果我們將學習的時間分散開，學一段時間然後休息一下，做點其他事情，再繼續學習，效果就會好很多。所以分散記憶法，也是在教我們合理地安排自己的學習和記憶時間的一種方法，它能夠讓我們及時地對自己疲憊的精神狀態進行調整，避免過度的腦力勞動。

　　大部分情況下，用分散記憶法進行記憶比集中記憶法效果要好得多，但這種分散也有一定的限度，一旦過度，就成了「三天打魚，兩天曬網」，無法獲得很好的成效。那麼，這個限度在哪裏呢？科學研究發現，每一次學習的最佳間隔時間應為 30 分鐘 ~24 小時不等。

　　當然，我們也可以根據自身精神狀態、記憶力、學習能力以及學習材料的難易程度等及時進行調整，確保學習和記憶的效率達到最佳。

方法 61　推理記憶法

在電影《陸小鳳傳奇之鐵血傳奇》中，有一個非常有趣的情節，那就是找出誰是真正的鐵鞋大盜。陸小鳳和花滿樓等人在敵人的圍攻之下被迫逃入藏有玉佛的密室之中，陸小鳳和金九齡推斷，鐵鞋大盜一定就隱藏在身處密室的幾個人之中，眾人多番爭論也沒有找出真正的鐵鞋大盜，這時密室的燭火突然熄滅，密室內的氣氛更加緊張。只有花滿樓對燭火的陡然熄滅沒有生出半點不適，陸小鳳順勢提出了一個建議：讓花滿樓用手摸出鐵鞋大盜。

因為在密室的眾人之中，除了鐵鞋大盜本人之外，只有花滿樓見過鐵鞋大盜的真面目。雖然花滿樓在幼時見到鐵鞋大盜的真面目後就被鐵鞋大盜弄瞎了雙眼，但他驚人的感知力讓他深深地記住了仇人的輪廓，只要用手去摸，一定能夠找出誰是真正的鐵鞋大盜。

陸小鳳先拉着花滿樓的手摸了自己的臉，然後讓他逐一去摸其他人的臉。等他摸過一遍之後，陸小鳳點亮了燭火，鷹眼老七等人發現旁邊的人臉上都有一團黑灰，只有躲在一旁的宋神醫的臉上乾乾淨淨。宋神醫正是鐵鞋大盜。原來，陸小鳳在拉花滿樓的手時，偷偷在他手上抹了些灰，因為他斷定鐵鞋大盜害怕暴露身份，不敢讓花滿樓摸到自己的臉，而只有宋神醫的臉上沒有被抹上灰，所以他就是鐵鞋大盜。

電影的結局證明陸小鳳的推理是正確的，那麼這種推理能否用到記憶當中呢？事實證明，這是完全可行的。推理記憶法就是這樣一種根據事物的關係進行推理、記憶的方法。

推理記憶法跟因果聯想記憶法有重合的部分，但它的涵蓋面和適用範圍更為廣泛。推理記憶法不僅能用來推導有因果關係的記憶內容，還能用來推導具有相近、相似、並列、承接、遞進等關係的記憶內容。

記憶漢語詞語中的實詞時，我們可以使用推理記憶法，首先我們要根據一個詞語推導出它的近義詞、反義詞等。如「愛」這個詞，有「吝惜，捨不得；愛護、愛惜；喜歡、親愛的、心愛」等多種意思。所以我們可以對此進行推導，愛在古代有吝惜、捨不得之意，所以在不忍心放棄卻不得不放棄某個心愛的物品時，我們會用「忍痛割愛」一詞。對捨不得的東西，我們自然是心中喜歡，對喜歡的東西我們會加以「愛護」，喜歡有心愛之意，所以人們常稱與自己有親密關係的人為「愛妻」、「愛女」、「愛徒」等。

在學習英語單詞的時候，我們也可以根據推理記憶法推導一個英語詞彙的時態和語態。在記憶內容繁多而零碎的知識時，不妨嘗試着使用推理記憶法，找出各個知識點之間的規律，使需要學習和記憶的內容更具有系統性和條理性，這樣在記憶的時候才會更加快速和高效。

方法**62** 首字母記憶法

　　阿琳正在宿舍的微信群裏跟其他舍友聊天，但她發現自己似乎和同齡的舍友有「代溝」，因為她自己平時不喜歡上網，對網絡語的了解還停留在 GF（Girl Friend）、BF（Boy Friend）的層面，但其他幾個舍友都是已經有好多年網齡的網民，整天瀏覽各種貼吧、論壇，和自己聊天的時候，舍友們時不時地蹦出幾個她聽都沒聽過的詞。例如，當一個舍友說了自己的糗事時，其他的舍友竟然發了一連串的「hhhh」，她想了半天也弄不懂為甚麼舍友要發這麼多的「h」，這個「h」是甚麼意思呢？

　　舍友看到她的問題，紛紛表示無語，但還是耐心地給她解釋道：「這個『hhhh』就是『哈哈哈哈』的意思。」這些還算簡單的，更讓她一頭霧水的是舍友們在討論八卦時，不時蹦出的「李濤」、「不吹不黑」、「sxbk」、「私生粉」等詞語，她是一點都理解不了，只好上網去搜，結果發現「李濤」不是人名，而是理智討論的意思；「不吹不黑」不是不吹蠟燭天不黑，而是不吹牛皮也不黑人地說出客觀事實的意思；「sxbk」則是成語喪心病狂的縮寫……

現如今網絡上很多流行語都會用首字母縮寫的方式來表示，如：CP 是英文「Character Pairing」（人物配對）的一種縮寫，意思是兩個人物之間的配對關係；「emmmm」則是「哦」、「嗯」等語氣詞的首字母和代表着尾音的「m」組成，表示「無語、一言難盡」的意思，這樣的網絡用語也更容易被人們記住。首字母記憶法就是將複雜的詞語簡化為由首字母代表詞語的縮寫，方便記憶的一種方法。

首字母記憶法的應用範圍非常廣泛，如世貿組織「WTO」，就是由英語「World Trade Organization」簡化而來；北大西洋公約組織「NATO」則是「North Atlantic Treaty Organization」的縮寫。這些縮寫就是由幾個單詞的第一個字母組成的。記住這幾個單詞並不容易，但記住幾個字母就簡單得多了。

所以在記憶知識點的時候，我們可以使用首字母記憶法，提取出關鍵的內容加以記憶。這樣我們需要記住的知識點不變，但需要記憶的內容卻變得少而精，為我們的記憶減輕了負擔，提高了記憶的效率。

方法 **63** 即時記憶法

　　阿明和阿月都是剛上初中的學生，兩個人小學的基礎打得很好，各科的成績也都相差不大，所以兩個人以並列第一的成績升入了初中，並且在同一個班級。上課的時候，兩個人都在較量，聽講的態度一個比一個端正，回到家也都各自認真地完成作業。

　　本來兩個人的成績應該相差不大，但經過半年的學習，期中考試時，兩個人的成績卻拉開了很大的距離，阿月依舊名列前茅，阿明的成績卻落到了前十名之後，這讓他有些沮喪。他詢問阿月學習的訣竅，阿月説：「我沒有甚麼訣竅啊，就是老師上完課之後，我會借着課間休息的一兩分鐘時間，把老師講過的要點迅速回憶一遍，這樣我就記得更加牢固了。」

　　阿明想到自己一下課就跑出去和其他男生瘋玩，頓時明白了兩人的差距是如何拉開的。於是他嘗試着用阿月的方法學習，每次老師講完課後，都抽出一兩分鐘的時間回憶一下重要的知識點，學習成績果然有所提升。

阿月所使用的這種方法就是即時記憶法，「即時」，有「立刻、馬上」的意思，也就是說，在學到一個知識點、記住一些知識之後，要馬上進行回憶，這樣能夠加深印象，使記憶效果更佳。這也是為甚麼有些老師總會在講完一個知識點之後停頓一兩分鐘，這個停頓的時間就是為了讓學生消化所學的知識，加深記憶。

　　即時記憶法可以是在記住一個知識點之後迅速回憶；也可以是在經過半個小時或一個小時的學習之後抽出幾分鐘的時間進行概括性的整體回憶；還可以是在臨睡前，在腦海中回憶一下當天所學的知識要點。回顧之後，如果發現有遺忘的內容，要立即補看一遍。到了次日早晨睡醒的時候，再次進行回憶，這樣一次次地重複記憶，不但有助於我們鞏固所學的知識，也有助於記憶力的提高。

長時記憶法

　　長時記憶指的是對某種訊息、知識等保持時間在一分鐘以上的記憶，這種記憶甚至能夠保持多年，或者終身，是名副其實的永久性訊息儲存。長時記憶有由於印象深刻而一次性形成的，如偶然在雨後天空中看到的彩虹，可能多年之後在我們的記憶中仍然散發着獨特的光輝；雷電攔腰劈斷大樹帶給我們的震撼，也會讓我們對這個場景久久難忘。也有短時記憶多次重複而形成的，如我們背誦過很多次的文章、公式等。

　　長時記憶的容量很大，但長時記憶所接收的訊息並不是零碎、散亂的，而是以有組織的形式被儲存起來的。長時記憶根據所儲存訊息的類型分為語義記憶和情景記憶兩種。

○─○ 語義記憶

　　語義記憶又叫作詞語記憶、言語編碼，是通過有關字詞或者其他語言符號、指代物、識記材料之間的聯繫等來對訊息進行加工，按照詞語的意義、語法、系統分類的方法，先把識記材料組成一個詞組，然後加以記憶。

○─○ 情景記憶

　　情景記憶又叫作表像編碼記憶，是將與識記內容相關的特定場景、時間和空間的坐標，包括觀察到的畫面、聽到的聲音、聞到的味道、觸感等一併進行記憶。

　　這兩種類型的記憶都能夠形成長時記憶，多年之後再回憶，依然能夠輕鬆地從記憶中提取出來。

那麼如何掌握長時記憶法？

　　首先需要識記，畢竟欲憶必先記，這是所有記憶法必經的一個過程。識記的時候，利用身體的感官去體驗、感知、接收和思考外界的訊息，隨後根據記憶類型的不同，將其進行言語編碼和表象編碼，找出這些訊息之間的規律和與之前所記憶內容的聯繫，並進行充分的思維加工，將其納入我們的知識體系之中。這樣就能夠形成長時記憶，獲得經久不忘的記憶效果。

填充記憶法

　　阿璐最近學到了讓學生們頗為頭疼的長詩《琵琶行》，這麼長的詩，讀完都要大半天的時間，何況是背誦呢？她一連背誦了幾個早上，也沒有把整首詩背誦下來。同學阿欣見她一臉沮喪的樣子，於是提出自己讀一句，讓阿璐背出這句詩的上句或下句的方法，來檢驗阿璐的背誦成果。兩人一連接了十多句，不管提前一句還是後一句，每次張璐都能很快地接出來，她很快就把整首詩給背誦了下來。

　　兩個人所使用的方法正是填充記憶法。填充記憶法又叫填空記憶法，有點像我們做填空題，填充記憶法有着重強調的作用，有助於我們記住知識中的重點、要點。利用填充記憶法記憶的時候，我們不僅能夠學到新知識，還能夠找出新舊知識之間的聯繫，將新知識納入尚未完善的知識體系當中，鞏固知識，提高記憶力。

　　所以，我們在記憶某些重要的知識、概念、定義時，不妨嘗試運用填充記憶法，找出知識點中精要的部分，然後將整個知識點匯總成填空習題，將重點空出來。根據記憶的成果將缺失的重點填補完整，再加以記憶。

方法 66　平行記憶法

　　平行記憶法又叫作右腦平行記憶法。前文曾經提到，左右腦在記憶方面的分工不同，如左腦擅長語言記憶，而右腦則更擅長表像記憶，也就是說，把眼睛所觀察到的整體的表象、圖像等訊息直接回應大腦中，右腦負責將接收到的全部訊息囫圇吞棗地儲存下來，就像照相機定格了某個場景一樣。所以，右腦記憶又稱作平行記憶。

　　左腦遵循邏輯順序，在處理記憶訊息的時候採用的方式是從局部到整體的逐漸累積，所以在記憶的時候更注重分析、理解，找出記憶內容的邏輯、規律等，需要花費的時間較多。

　　右腦平行記憶更為機械化，處理記憶訊息的方式與左腦相反，是從整體到局部的並列式。它不注重理解記憶內容，只需要一眼就能把記憶內容作為圖像定格並保存在大腦之中，明顯要省時省力，而且記的東西更多。所以在記憶零碎而無規律的知識時，右腦平行記憶法更為適用。

　　我們在學習的時候也能用到平行記憶法，例如，記憶英語詞匯的時候，一個單詞一個單詞地記憶，效率並不高，但是如果我們用平行記憶法，像照相一樣把這些單詞定格並傳送到大腦中，那麼，我們背誦單詞時就能背得又多又快，在學習效率提高的同時，右腦處理記憶訊息的能力也在不斷提升，我們的記憶力自然會隨之得到強化。

換位記憶法

　　阿莉最不喜歡的一門課就是地理課,她嘗試了很多學習方法,可是都收效甚微。就在她無奈地翻開課本等待上課的時候,突然看到了在教室外邊看風景的地理老師,她突發奇想,如果自己作為地理老師,那麼這節課我要教的內容是甚麼?我希望學生掌握的重點又是甚麼?帶着這些疑問,阿莉翻開了地理課本,畫出了她認為這節課需要講的幾個重點。

　　結果上課的時候,老師所重點教授的內容裏果然有她畫出的那些,雖然有些偏差,但並沒有打擊阿莉學習的熱情,她發現自己學習起來更有興趣了。而且在老師教授的時候,她也不再像以前一樣只是單純地聽,而是開始一邊聽一邊思考,也嘗試着舉一反三,成果非常可觀。

　　從此以後,每次地理課上課之前,她都會把自己當作地理老師去備課,抓住重點,慢慢地,她的學習成績進步了。她發現按照這種方式去學習,比之前跟着老師的教學步驟亦步亦趨或是推一步走一步的狀況好多了。她果斷地將這個方法運用到了其他學科上,也都有不錯的成效。

阿莉所使用的把自己當作地理老師去思考、學習和記憶的方法，實際上就是換位記憶法。生活中我們勸解兩個發生矛盾的人時，總會讓他們試着換位思考，站在對方的角度上設身處地地考慮問題。換位記憶法就是利用了換位思考的思維方式進行記憶的一種方法。

　　當我們像阿莉一樣站在老師的角度去考慮「如何讓學生學會、記住這些知識點」的問題時，我們考慮問題就更為全面了。首先我們會系統地將記憶素材全部預習一遍，找出其中的重點，然後從多個角度進行思考，盡量把記憶素材轉化為最容易理解的內容，方便學生學習和記憶。預習、思考、分析、總結的過程同樣也是加深記憶的過程，將這些步驟全部經歷一遍，我們的記憶又怎麼會不牢固呢？

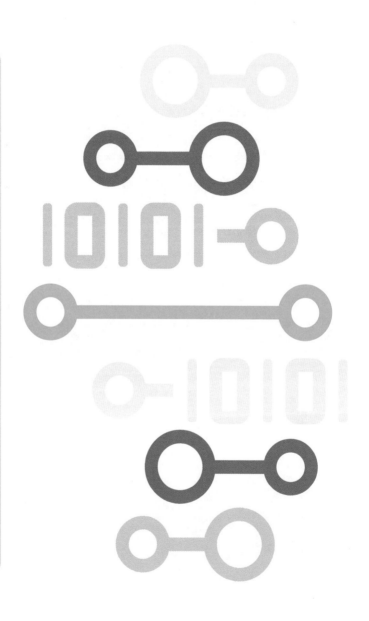

Chapter 7

構建
記憶王國

歸類記憶法──
有條理的記憶

　　歸類記憶法又叫作分類記憶法，顧名思義，就是對記憶內容進行分析並分門別類地整理，然後加以記憶的一種學習方法。

　　我們的記憶根據接收訊息的器官不同，可以分為很多種，如視覺記憶、文字記憶、聽覺記憶、觸覺記憶等，這是人類的大腦進行自然分類的結果。但我們在接收訊息之後還會對所接收的訊息進行再次分類，這次分類的依據是記憶素材屬性的不同。這樣的記憶方式能有效地幫我們記住更多的知識，因為在我們的知識累積到一定數量的時候，為了記住更多的知識和方便提取之前記憶的內容，我們必須對記憶的內容進行有意識的分類。

　　用歸類記憶法進行記憶，有助於我們對不同種類的知識進行複習和回憶。

　　歸類記憶法的操作步驟也非常簡單。在使用歸類記憶法之前，我們要有明確的目的，將不同的知識按照其屬性和邏輯歸類到不同的知識系統中，以便我們理解和記憶，比如，在記憶詞語的時候，把同義詞歸為一類，反義詞歸為一類。

　　在對記憶內容進行歸類時，首先我們需要全面分析資料，把繁雜的知識精簡化，把散碎的內容條理化、系統化。再根據我們分類的訊息對這些精要的知識進行進一步的處理，如根據實際情況把知識列成容易理解的圖表，或對記憶內容進行聯想等等，盡量使記憶素材條理清晰、一目瞭然。

　　歸類之後，對歸納的知識點加以記憶，能夠有效地縮小記憶的範圍，快速抓住記憶內容的重點，減輕記憶負擔。在理解的基礎上進行記憶，有助於節省精力和提升記憶力。

重點記憶法──
去蕪存菁，着重記憶

在聽其他人演講、發言的時候，我們會發現，説到某些關鍵的詞語時，發言人總是會把聲音提高，而且附上相應的動作或誇張的表情。其實無論是陡然提高的聲音、突然做出的動作，還是誇張的表情，都是發言人對重點內容的一種強調。發言人下意識地希望聽眾能記住自己所講的重點。

很多大學生平時可能會出現逃課的現象，但是到了考試前的兩個星期，幾乎沒有人會逃課。因為在臨近考試的一周，任課老師會「大發慈悲」地帶着學生把重要的、極有可能會考到的知識點畫出來，方便學生重點複習或臨急抱佛腳，以免重考。

以上發言人和老師的這些做法，其實都有重點記憶法的痕跡。

重點記憶法就是根據記憶內容找出重點並且加以着重記憶的一種學習方法，上文介紹的很多記憶方法其實都用到了重點記憶法。

在面對繁雜的記憶素材時，我們不可能一下子就把記憶素材的全部內容囫圇吞棗地記下來，這既浪費時間，也不現實。所以我們首先要做的就是對記憶素材進行全面綜合的分析，而分析記憶素材的目的是摒棄記憶素材中不重要的內容，總結出記憶素材的重點、要點，然後進行有目的的記憶。

所以重點記憶法起到的就是強調和突出的作用，強化重要知識點在我們腦海中的印象，形成長久的記憶。這有點像我們小學時做過的縮句，這樣畫出重點再進行記憶，我們會輕鬆很多。

方法 70 螺旋記憶法──
由淺入深，反覆記憶

　　阿燁喜歡看小說，他最近在追一本懸疑的連載小說，一邊看一邊猜測真兇，為了交流看小說的經驗，他還特意加入了一個讀者聊天群，專門用來討論劇情。他看聊天群裏有不少讀者都提出了自己的分析和見解，甚至有人還提出自己的猜測：「真兇應該就是在前幾章出現過的那個阿文。」阿燁想了半天，愣是沒有想起這個阿文是甚麼時候出場的，而且書中出現的很多配角的名字他都忘記了。

　　看別人分析得出的結論，他表示佩服的同時，心裏也生出一點疑問，為甚麼他們能夠記住這麼複雜的劇情和如此多的人物呢？這種長篇的小說光是看也要花費幾天的時間，再總結豈不是更耗費精力嗎？還是說這些人有獨特的記憶劇情和角色的方法？帶着這種疑問，他點開了私聊。

　　一位讀者坦白地告訴了他自己的記憶訣竅，他每看一章劇情，就會回顧一下上一章的劇情，尋找兩章之間的關聯、劇情的重點、支線劇情以及分析配角所起的作用等。這樣堅持看下來，他才能夠記住那麼詳細的劇情和書中看似無足輕重，實則不時就會刷一下存在感的角色。

這種方法其實就是螺旋記憶法，螺旋記憶法是一種通過編碼、定椿和聯結，對識記素材進行螺旋往復記憶的方法。我們在看一本書，尤其是厚一點的書時，如果按照平時的方式從第一頁看到最後一頁，那麼我們會發現，看完的同時，前面的內容也忘記得差不多了。這就不由得讓人產生了沮喪的心理，彷彿自己的書白看了，甚麼內容都沒有記住。其實，只是因為我們沒有採取正確的方法，螺旋記憶法恰好能夠幫助我們進行針對性的複習和記憶，避免這種狀況的發生。

　　要使用螺旋記憶法，首先我們要把需要記憶的內容分為幾個組塊，分組之後，找出每個組塊的重點進行編碼。我們可以把關鍵的內容編碼為便於記憶的數字、符號等，隨後使用定椿的方法，把編碼處理過的數字、符號想像成畫面。

　　最後要做的是聯結，需要我們在記憶新的內容時回顧舊的內容，加深記憶。這樣就能夠把需要記憶的內容聯結到一起，進行迴旋式的、由淺入深的、螺旋往復的記憶。這樣不僅能讓我們在需要的時候快速提取記憶內容，還便於我們檢驗記憶的效果，在複習記憶薄弱的環節時，也能更具有針對性，節省時間和精力的同時，大大提高記憶的效率。

方法 71　複述記憶法——
將記憶內容變成自己的話

　　5 歲的樂樂被爸爸帶着去了一趟市中心的動物園。回來之後，樂樂坐在沙發上看電視，媽媽走過來問他：「樂樂，爸爸今天都帶你看了甚麼動物啊？媽媽都沒有見過，你給媽媽講一講好不好？」

　　樂樂動畫片也不看了，慢慢數給媽媽聽：「今天去動物園，爸爸先帶我去看了老虎，那兩隻老虎很大，身上的花紋也很漂亮，可是我沒有在牠額頭上看到『王』字；看完老虎爸爸帶我看了羊駝，牠們都趴在地上，我叫牠們，牠們也沒有站起來。然後我們看了蕩鞦韆的猴子和抓了好多堅果的小松鼠，牠跑得太快了，我差點都沒有看到，爸爸還給我買了雪糕⋯⋯」

　　相信很多大人都做過讓孩子說出自己所見所聞的事，這其實是一種培養孩子觀察力、表達能力以及訓練孩子記憶力的方法。因為在複述見聞的時候，孩子的注意力是高度集中的，他們在搜索自己的記憶。回憶、複述的時候，孩子的表達能力、記憶力都得到了有效的訓練。而且養成複述的習慣後，孩子出門時也會注意用心觀察，如此一來可謂一舉三得。

　　這種培養觀察力、表達能力以及訓練記憶力的方法就是複述記憶法。複述記憶法又叫作自我複述記憶法、理解複述記憶法。它是

在理解識記材料的基礎上，利用自己的語言將識記材料的內容複述出來，達到提高理解能力、鞏固記憶目的的一種學習和記憶方法。

複述記憶法並不像網絡上流行的遊戲那樣，原封不動地將別人的話重複一遍，而是需要我們自己理解識記材料的意義。複述是一種進行短時記憶訊息存儲的有效方法，在短時間內，我們通過複述所記憶的訊息，不會因為外部微不足道的刺激而造成遺忘。

複述記憶法分為兩種，一種是機械複述，即通過將短時記憶中的訊息不斷地簡單重複的方式，使我們所記憶的訊息由短時記憶轉變為長時記憶。另一種是精細複述，需要我們對短時記憶中的訊息進行分析和分類，使之和之前所記憶的內容建立一定的聯繫，這樣就不容易遺忘。

使用複述記憶法的時候，我們的精神和注意力高度集中，所以在識記的時候才會對記憶素材留下更深的印象。在複述的同時，我們自身也會去理解識記內容，並組織語言把識記材料變成自己的話，這進一步加深了我們的記憶，鞏固了我們所學習的知識，可以說簡單易行，收效明顯，適用於各種記憶素材。

總論記憶法——
抓住問題的關鍵

日常生活中，很少有人具備過目不忘的本領。我們所見到的東西，並不是見過就會記住，大部分都會被我們遺忘。那麼如何才能記住我們需要記憶的內容呢？這就用到了總論記憶法。

總論記憶法又叫概括記憶法，是**對識記材料進行提煉、概括，找出其關鍵點加以記憶的一種方法**。總論記憶法在古代就已經被許多文人墨客使用。

古時候的文人墨客在看完一篇文章後，會總結自己的感悟，用簡單明瞭的話語闡述自己的看法，其中最著名的還屬孔子的那句「詩三百，一言以蔽之，曰：『思無邪。』」到了現代，很多小說或者推薦小說的文案也都配有內容簡介，方便讀者理解和記憶故事梗概。

總論記憶法的具體操作步驟就是把大量的識記素材進行簡化、提煉之後，留下最關鍵的部分，再用最簡單的一個字、一個詞語、一句話來進行概括，表達出識記素材中核心的內容，然後加以記憶。

這與小學語文老師讓學生們概括段落大意是一樣的。每個語文老師在教授一篇新的文章時，都會讓學生們進行逐段總結，用簡單的話來概括出每一段的大意。我們現在仍然可以採用這種方法來進行記憶。

在記憶識記素材的時候，我們可以對識記素材進行逐段的分析，將長長的段落所表達的豐富內涵、思想等簡化為一個關鍵詞或者是一句提煉了段落大意的話。每段都進行提煉之後，我們就得到了一個大綱，這時，**只要我們記住大綱，就等於記住了識記素材中所有關鍵的部分**，這樣記憶起來就方便多了。

關聯記憶法——
編造記憶之網

　　期末考試的考場上，阿凱先審了一遍試卷，然後拿起筆開始做題，可是做了沒一會兒，他的筆速就慢了下來，後來乾脆直接停了。原來是補全詩詞的題目難倒了他。看着卷子上的題，阿凱煩躁地撓頭，他怎麼也想不到自己會被這幾句詩給難住，明明就是課堂上背誦過的詩句，為甚麼就是記不起來了。阿凱思考了一會，愈急愈想不起來。於是他抬起頭眺望窗外，窗外的綠樹、藍天很快讓他的心情得到了平復，他決定做完其他題再回來想這幾句詩。

　　寫完了作文，他回過頭來重新做詩詞填空。想了半天，依然沒有想到「春蠶到死絲方盡」的下一句是甚麼，他想，自己甚麼時候學的這首詩呢？老師講這首詩的場景又是怎樣的呢？這樣想着，他陷入了回憶，那天語文老師精神抖擻地在講台上一句一句地分析這首詩，黑板上的詩句還是課代表用黃色粉筆寫的，阿凱甚至記得講到「相見時難別亦難」的時候，同桌的擦膠掉到自己的桌子上，彈了一下才掉到地上。老師還強調了「春蠶到死絲方盡」這句用到了雙關「絲」同「思」，而下半句把蠟燭燃燒滴下的蠟油比作人的眼淚。對了！就是「蠟炬成灰淚始乾」。

　　阿凱睜開雙眼，信心滿滿地寫下了這句詩，其餘的詩句也都用這種方法回想出來了。

　　阿凱所使用的方法正是關聯記憶法。關聯記憶法指的是找出記憶素材與時間、空間、背景、其他記憶素材、以往經驗等之間的聯繫，形成知識鏈條、知識網並加以記憶的一種方法。關聯記憶法分為場景關聯、感官關聯、順序關聯、反向關聯等多種形式。

　　場景關聯法就是像阿凱一樣，在想不起來的時候就回想當初記憶知識時的場景，通過熟悉的場景一點一點地找到記憶中自己所需要的內容。只要我們將最初記憶知識時的相關場景一一回憶起來，我們所需要的知識就能夠被牽引出來。

　　順序關聯法是按照識記材料的順序進行回想的一種方法。我們背誦一首詩，唱一首歌都是由第一句開始的，所以在其他人提問的時候，我們最先背誦出來的也都是第一句。如果陡然讓我們背誦第三句或者第七句，我們恐怕在短時間內無法反應過來，究其原因，當初記憶的時候是按照詩句的順序進行記憶的，所以當我們想不起來其中一句的時候，不妨從頭開始背起，然後順着將我們需要的那句背誦出來。

　　反向關聯和感官關聯等也都是用這樣的方法，在記憶中搜尋不到我們需要的內容時，就把記憶識記材料時的場景、感官體驗、與其他識記材料之間的聯繫等一併回想出來，這樣我們需要的記憶內容也就被帶了出來。而且用這種方式既可以強化我們的記憶，又可以加深我們對識記材料的理解，減輕記憶的負擔，達到簡單高效記憶的目的。

卡片記憶法——
增加記憶倉庫的庫存

　　中四剛開學，阿玲就發現自己的學霸同桌阿悅的桌子上放了很多不同顏色的卡片，按照紅、橙、黃、綠、青、藍、紫的順序排列得整整齊齊。她本來以為阿悅是喜歡玩摺紙才弄這麼多卡片的，阿悅卻說她是為了記住各科的知識點，用不同的顏色記錄不同的科目。

　　每次阿悅在課堂上做完隨堂筆記，就會抽出一小段時間，把知識點總結到一張卡片上，沒事的時候就看上兩眼，看完再夾到筆記對應的那一頁。如此過了一段時間，每次老師提問的時候，阿悅都能對答如流，把很多公式、概念也記得非常牢固，寫作文的時候引用名人警句、典故等幾乎是信手拈來。

　　阿玲有時候做題一時間想不起來某個公式時，阿悅都能在第一時間把公式背誦出來。阿玲借閱了阿悅的筆記，同時仔細觀察了阿悅製作的那些卡片，發現阿悅的筆記和卡片都製作得條理清晰，一目瞭然，記憶起來也很方便。於是她果斷去買了同樣的卡片，按照阿悅的方式製作自己的卡片，一段時間之後，她感覺自己所學的知識明顯比之前穩固扎實了很多。

　　卡片記憶法指的是將記憶素材寫在小卡片上進行記憶。中外很多學識淵博的人都曾用這種方法來進行記憶。法國著名的科幻小説家朱爾・凡爾納（Jules Gabriel Verne）一生不僅做了幾百本筆記，更製作了 25000 多張卡片；魯迅先生在寫《中國小説史略》時，製作的分類摘抄卡片也有 5000 多張；研究明史的專家吳晗一生看過的史籍數不勝數，做了許多讀書筆記和卡片，其中與《明史》有關的卡片就有 20 萬張之多。吳　還把自己學習和記憶的經驗教給學生：「一個人要想在學業上有所建樹，一定要堅持做卡片筆記，卡片筆記積累多了，功到自然成，通過對大量資料的歸納分類，分析研究和綜合利用，就能創造出自己的作品來。」

　　卡片記憶法有便於理解、記憶和積蓄知識的作用。首先，我們在抄寫卡片之前，必然是對記憶內容進行理解和綜合分析過的，這樣我們就抓住了記憶內容的精要部分，能用簡單的語言總結豐富的思想內涵，加深了印象；其次，在抄寫的過程中，我們的注意力集中，將心思放在抄寫上，手、眼、大腦等多種感官都在發揮作用，這樣就促使我們的大腦通過多通道來接收訊息，進一步深化了記憶。卡片上摘抄的內容能夠長久地保持在我們的記憶之中，當我們需要用的時候自然能夠信手拈來，在複習的時候，也能很快找出記憶薄弱的環節進行重點複習。久而久之，不僅知識的儲備量不斷增加，所學的知識記得更加牢固，而且記憶力也會得到提升。

集成記憶法——
由小到大的記憶集合體

　　集成記憶法又叫規律集成記憶法、集成系統記憶法，是一種把所要記憶的訊息進行分類，然後把不同類別的訊息與之前所接收並記住的訊息進行聯結並加以記憶的方法。

　　留心觀察日常生活，我們不難發現，每天我們所接收的訊息都是零碎的，而這些訊息我們也不能做到全部記住，這些訊息是零碎、無規律的，而且我們每天記憶的訊息都不一樣。緊隨着記憶發生的是遺忘。可能我們昨天記住的事情，今天一覺醒來就忘得一乾二淨，而今天記住的訊息，到了明天又被遺忘，記憶起來也沒甚麼效率。如何才能避免頻頻遺忘呢？這就需要用到集成記憶法。

　　科學研究發現，一個成年人能夠一次性記住大約七種零散的訊息，而記憶的訣竅就在於把記憶的七種訊息進行分類，然後再分別根據各個訊息的屬性，添加到不同的類別中，這樣我們只需要記住這些訊息的類別名稱，稍加聯想，就能夠記住這些訊息。而需要用這些訊息的時候，我們只需要從記憶中找到相關訊息的類別，就能夠迅速把我們需要的訊息找出來。

　　這也是之前介紹一些記憶法總有一個關鍵的步驟——「找出各個記憶素材之間的規律」的原因，找到記憶素材的規律之後，我們就能夠將零碎的記憶訊息整理成一個訊息系統，把各個訊息劃分到合適的類別和位置中，這樣記的時候就能夠把各種記憶素材連成一片，形成知識體系，便於記憶和獲得憶一牽百的效果。

規律記憶法——
觸類旁通，舉一反三

　　規律記憶法是抓住事物的規律進行記憶的一種方法。世界上萬事萬物都有規律可循：太陽從東方升起，從西方落下；人們早出晚歸；春天播種，秋天收穫；紅燈停、綠燈行等等，都是萬物適應自然規律、社會規律的結果。規律是事物之間內在的必然聯繫，它決定着事物發展的必然趨向。而且規律是客觀存在的，並不會因為人的意志而轉移。我們不能因為沒睡飽就阻撓太陽升起，不能因為討厭炎熱的夏天、寒冷的冬天就讓四季的轉換停在春秋兩季……

　　那麼，我們怎麼抓住事物之間的內部規律呢？舉例來說，中國的漢字成千上萬，且結構複雜，但細心觀察不難發現，很多漢字會用到同一個偏旁，如「炒、炸、燒、燉、煨、烤、烙」等字都用到了「火」字旁，「火」這個偏旁就是這些字之間的內部規律。而從讀音上來看，就更簡單了，儘管漢字中有很多是多音字，但不管它們究竟由多麼複雜的筆劃組成，在普通話拼音上終究逃不出 23 個聲母，24 個韻母，16 個整體認讀音節和 4 個聲調。所以幼兒園和小學老師在教學生們識字的時候，都會從拼音開始，記住了拼音，也就能讀出大部分字。

　　英語單詞也是如此，不管多長的英語單詞，在拼寫上總是繞不過那 26 個英文字母。掌握了這個規律，我們學起英語來就相對容易了。

　　所以在記憶事物的時候，要學會找到事物之間的規律和聯繫，這樣才能夠幫助我們更快、更好地記憶。

如在學習歷史方面，我們可以發現，中國古代多個朝代的歷史有着相似的興衰規律，掌握這個規律後，就能很快從複雜的史料中提取出重要的訊息，找出各個知識點之間的聯繫，這樣我們在進行學習和記憶時就會比較輕鬆。

　　在數學方面也是如此，三角函數的誘導公式有 54 個之多，但是這些誘導公式所表達的三角函數關係卻有着一個共同的規律，人們根據這個規律總結出了「奇變偶不變，符號看象限」的口訣，這樣一來，我們推導這些誘導公式的時候就簡單多了。

　　在日常生活中做一個善於觀察分析事物各部分之間關係、善於總結事物規律的人，這樣有助於我們形成靈活的思維，提高我們分析事物和理解事物的能力，達到舉一反三、觸類旁通的效果，也能夠幫助我們推導和預見事物的發展趨向，與此同時，我們的學習能力和記憶力也會得到明顯的提高。

系統記憶法——
由點到線、面的記憶

　　系統記憶法是需要我們找出各個記憶素材之間的內部關係、記憶素材與以往經驗之間的關係，以便形成知識組塊來進行整體記憶的一種方法。

　　我們所掌握的知識、經驗等都是記憶的組成部分。要想掌握知識，必須經歷記憶這個步驟。記憶分為兩個部分，分別是「記」和「憶」。

○—○「記」是對事物的初次印象

　　「記」指的是我們在剛開始接觸記憶素材的時候，腦海中會留下初次印象，這種記憶素材給我們留下的印象就成了最初的記憶。

　　例如，小時候第一次看到毛茸茸的小狗朝我們撲過來，圍着我們打轉，我們的腦海中就留下了小狗活潑親人的印象。但是如果小時候第一次看到狗的情境是惡狗追着我們咬了幾條街，那麼可能會對狗這種生物產生一種恐懼的心理，因為第一次見到狗時，腦海中留下的就是兇殘咬人的印象。

○—○「憶」是將初次印象變為長時間印象

　　「憶」則是我們對之前見過的事物的再認或再現的過程，這時我們會把之前所記憶的訊息從大腦中提取出來。由「記」轉化為「憶」是非常複雜的，需要我們不斷地重複再認、回憶、思考和聯想等過程。如此才能把最初的「記」轉化為長時間的記憶，但多數情況下我們還是會出現記錯的狀況。之所以會發生這種狀況，就是

因為沒有把瑣碎的記憶形成有機單元或記憶系統。系統記憶法就很好地彌補了這個缺陷。

我們記的過程其實就相當於往電腦中存儲資源的過程，我們是怎麼儲存的呢？建一個文件夾，命名為「音樂」，然後把我們喜歡的或是需要的音樂都存儲到這個文件夾之中；再建一個文件夾，命名為「小說」，把我們喜歡的小說都存放進去。此外還可以建立名為「電影」、「作業」、「圖片」等的文件夾，用來存放不同類型的資源。這樣清晰地分類之後，當我們某天需要某個類型的資源時，就能夠在短時間內迅速找到。

系統記憶法的操作步驟與之相同，不過是把電腦換成了大腦。把手動操作換成了意識操作，所以我們在學習和記憶新知識的時候，要注意對這些新知識進行分析、歸類，將它們納入相應的「文件夾」之中，把零碎的知識融入整體的知識結構之中。這樣我們不僅記起來方便，回憶的時候也能夠快速高效地在記憶倉庫中找到自己所需要的內容，提高記憶效率。

自測記憶法——
隨時隨地檢測記憶

　　自測記憶法是一種通過自我檢查記憶的效果來增強記憶力、提高記憶效率的方法。怎樣才能夠清楚了解自己記住了多少知識？又怎樣能夠讓這些好不容易記住的知識長期地留存在我們的記憶之中呢？

　　自測記憶法無疑是眾多記憶法中最有效的一種。自測記憶法適用於任何記憶素材，它不僅能夠幫助我們了解自己學到了多少知識，還能夠準確地找出沒有學好、沒有記住的知識，而且能在發現存在記憶混淆的狀況時，第一時間進行核實、矯正，以加強記憶。同時，自測記憶法能夠培養我們隨機應變的能力。

　　從時間的分配上來說，自測記憶法分為定時測驗和隨時測驗。

　　定時測驗根據時間和課程內容等可以分為當日測、週測、單元測、全書測幾種。當日測指的是當天學過的知識，到了晚上的時候默默回想一遍，檢驗當天的學習成果。週測指的就是將上週所學的知識點回想出來，檢查一週的學習成果，對薄弱的知識點進行重點複習。單元測指的是在學習完一個單元的課程之後，仔細回想該單元中有哪些知識點。全書測指的就是學完整本書之後，根據目錄去回憶每個小節的知識點，還可以挑出最重要的幾個知識點，按照不同的角度出題，用做題的方式檢測自己是否牢固地掌握了這些重要的知識。隨時測驗指的是抓住閒暇的時間，隨時隨地對自己所學的內容進行檢驗。

　　從測驗的方式上來說，自測記憶法可以分為默寫、嘗試回憶、交談爭論、自問自答、對人試講、實踐檢驗等多種形式。

默寫指的是通過默寫知識點的方式進行自測，這也是加深記憶的過程，因為此時我們的手、眼、大腦全都處於精神集中的狀態，能夠很好地鞏固記憶。

　　嘗試回憶指的是「過電影」式地把所學內容逐個在腦海中過一遍，這樣能夠找出記憶中印象較弱的部分，進行重點複習和記憶。

　　交談爭論指的是針對同一個知識點與其他人進行交流，在交流的過程中，有意識地將自己與他人對比，發現他人的長處，以此來檢測自己對某個知識點究竟掌握到了哪種程度。有時候，通過爭論的方式，也能讓我們發現正確的觀點、及時矯正錯誤的觀點。

　　自問自答即換位思考，把自己當作老師，思考「假如我是老師，我想讓學生掌握哪些知識點」，從多個角度提出問題。這樣能夠有效地訓練我們的應變能力，增強我們的記憶。

　　對人試講又叫複述，丟開所有的資料，用自己的話把知識點講給別人聽。這樣能夠使自己更深入地理解所學的內容，使我們的印象更為深刻。

　　實踐檢驗則是應用知識的過程，畢竟記憶不只是為了記住，更是為了認識世界和儲備知識，提高解決問題的能力，所以實踐檢驗至關重要。經常應用我們掌握的知識，這些知識就不斷地得到鞏固，最終形成了經驗。

方法 79 靜謐與嘈雜——
外部環境對快速記憶的影響

小時候，華羅庚家境貧寒，初中未畢業便輟學在家。輟學之後，他對數學產生了強烈的興趣，而且學習數學時非常用功。他從一本《大代數》、一本《解析幾何》及一本 50 頁的從老師那裏摘抄來的《微積分》讀起，勤奮自學，踏上了通往數學大師的路。

華羅庚輟學期間，幫父親打理小雜貨舖。為了抽出時間學習，他經常早起。隔壁鄰居早起磨豆腐的時候，華羅庚已經點着油燈在看書了。伏天的晚上，他很少到外面去乘涼，而是在蚊子嗡嗡叫的小店裏學習。嚴冬，他常常把硯台放在腳爐上，一邊磨墨，一邊用毛筆蘸着墨汁做習題。每逢年節，華羅庚也不去親戚家裏串門，只是埋頭在嘈雜的店裏讀書。

白天，華羅庚幫他的父親在小雜貨舖裏幹活。有顧客時，他幫着父親做生意、打算盤、記帳。顧客走了，就又埋頭看書或演算習題。有時他入了迷，竟然忘記了接待顧客。

當然，並不是每個人都能像華羅庚那樣，在嘈雜的環境中也能將心思沉浸在學習中，絲毫不受外部環境的干擾。很多人沒有如此堅強的意志，也沒有如此堅定的心志，所以大多數情況下，環境還是會對我們產生一定的影響。

在學習的時候，安靜的環境最適宜，所以很多家長都不會在孩子學習的時候大聲喧嘩，甚至連電視機的聲音都開得很小，偶爾給孩子送吃的，也是輕手輕腳、小心翼翼，生怕打擾了孩子學習。

在安靜的環境中，我們的心態更容易平靜下來，不容易分神，也不容易分散注意力，這樣學習起來就更有效率；反之，我們就無法靜心，注意力不容易集中，思考問題的能力大打折扣，記憶力也會隨之下降，學習效果自然不理想。所以，我們在學習和記憶的時候應該注意環境的影響。

在學習的時候，讓自己處於一個安靜、整潔的環境之中，避免強光、噪聲及無關事物對我們的干擾，這樣我們學習和記憶的效率都會有所提高

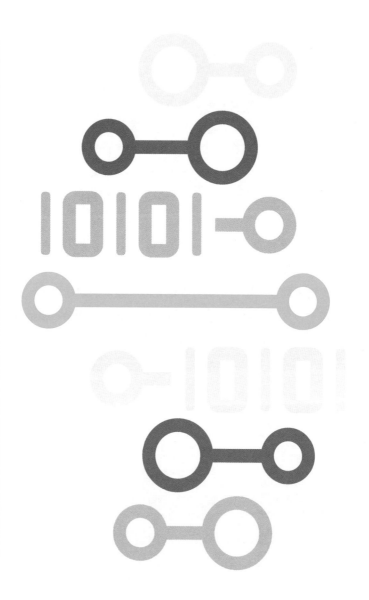

Chapter 8

記憶
也有捷徑可走

早上還是晚上
——選擇正確的記憶狀態

　　阿瑞今年升讀中六，學習壓力陡然加大。學校的老師為了督促學生們學習，專門建立了一個家長微信群，要求家長在假期的時候也不能懈怠，要早早把孩子叫起來讀書。阿瑞的媽媽被老師拉進了群裏。早上 4 點多，群裏的成員就一個接一個地發起了孩子讀書的影片，阿瑞的媽媽點開看了幾個，就有些坐不住了，影片裏孩子們一個個背得非常起勁。

　　阿瑞媽媽不由得心急，她連忙把兒子叫醒，讓他起床讀書，順便錄了一段影片發到了群裏。隨後她又守在一旁看了一會兒，只見阿瑞睜着惺忪的睡眼讀着手裏的書。她有些疑惑，像兒子這樣在意識還不怎麼清醒的狀態下就開始背書，能記得住嗎？

　　很多人都有過阿瑞媽媽這樣的疑惑：大早上背書，意識都不清醒，注意力也不集中，這樣背書有效率嗎？這時候真的是記憶力最好、最適合背書的時間段嗎？大多數情況下，老師和家長會把「一日之計在於晨」這句話掛在嘴邊教育孩子，要孩子們抓住早上的時光背書。但人記憶力的好壞，關鍵還是在於每個人自身的狀態和周圍的環境。

　　對有着良好的作息規律、充足睡眠的人來說，早上固然是大腦活躍、注意力集中、記憶力最佳的好時段，可總有一部分人是例外。現在網絡上流行的「修仙黨」就是最好的例子。在現代社會，晚上到處燈火通明，娛樂項目數不勝數，白天忙於學習工作、沒有玩夠的人們，作息悄無聲息地發生着改變。我們不難發現，身邊總有很多「夜貓」存在，他們在白天尤其是早起的那段時間精神萎靡，狀態不佳，很難集中注意力；到了下午才開始有神經緊繃、全神貫注的趨向；而到了晚上，則是精神全然放鬆，逛淘寶、打遊戲機、飯聚、唱歌等等，各種娛樂項目能讓他們活躍到凌晨。對他們來說，早上就不再是最適合學習和記憶的時間了，反倒是下午和晚上的時候，情緒興奮，精神狀態良好，這時記憶和學習的效率達到最佳的狀態。

　　由此我們可以得出結論，記憶力最佳的時段其實是因人而異的，有的人在早上醒來就做好了吸收新知識的準備，有的人卻在吃過中飯後大腦才真正甦醒，還有的人直到晚上才會達到最佳的學習狀態。當然還有一些人不管在早、中、晚哪個時段，想要學習的時候，都能夠調整自己的狀態，可以做到集中精力，全身心地投入。

　　所以當我們真正想學習的時候，不必苛求時間的早晚，得到了充足的休息，大腦的活躍度得到充分的調動，注意力能夠集中的時候，就是最適合我們學習和記憶的時候。

記憶也需要目標、計劃和激勵

"

　　阿薇自修課時在背誦一篇古文，同桌見狀驚奇地問道：「你怎麼還在背這一篇，我們不是早就學過了嗎？」阿薇說：「上次老師要求我們背誦古文時我請了一天假，等我回來的時候，你們都已經會背了，可我還不會，所以現在還在背。」同桌說道：「那也不應該背誦這麼長時間吧，這都一個多星期了。」

　　阿薇自己也感到非常奇怪：「按照之前的慣例，一般老師規定幾天之內背完，我就一定能在老師規定的時間內背完，可是這次不知道是不是老師沒有規定的原因，我有點缺乏自我約束，過度放鬆，所以才拖了這麼久。」

　　同桌說：「你是缺乏目標啊，那簡單，我們打個賭，今天自修課下課你要是背不完這篇文章，就得請我吃飯，這樣可以嗎？」劉薇想了想，點頭答應了。果然有了壓力和同桌的督促，她背書的時候專心多了，一心想着要用一個自修課的時間背好這篇古文，結果自修課剛過去一半，她就流暢地背誦出整篇文章了。

"

在學習知識的時候，老師會這樣教育學生：「你們一定要給自己定下一個目標，列出一個計劃，有目的、有計劃地去學習，這樣才能掌握更多的知識。」其實記憶知識的時候也是如此，有目標、有計劃地記憶，我們會記得更有效率。

　　這和我們之前所說的有意記憶法有相似之處。當我們漫無目的地去記憶的時候，會發現記過的東西跟沒記過一樣，一點效果都沒有。但是如果我們帶着明確的目的去記憶，記憶的效果就會變好，這就是目標帶來的動力。為了更加系統和全面地掌握我們學過的知識，記憶時我們也必須定下明確的目標。

　　所以我們在記憶的時候，不妨給自己定出一個目標、一個計劃，如今天我要記住哪一科的哪個知識點，明天我要記住課本第幾頁到第幾頁的內容……當然這個目標必須立於自身的實際情況，不能好高騖遠，更不要定「一天背完一本文學常識」、「一週記住一本牛津詞典」這樣遙不可及的目標。因為這種目標脫離了實際情況、過分理想化，目標無法完成時，還會給我們帶來心理上的打擊，導致我們喪失學習和記憶的熱情。

　　制定一些容易完成的目標，這樣我們能夠很快地記住，而且記憶成功時的喜悅會催生出更多的學習熱情和動力，記憶力也會隨之提高。

　　當我們因為記不住而灰心喪氣的時候，不妨找些名人事跡或者身邊成功者的事例來激勵自己，重拾信心和勇氣。當我們完成了自己的記憶計劃時，還可以適當地獎勵自己，這樣我們記憶知識時會更有動力。

方法 82

思維活躍——
勤動腦，記得牢

　　剛上小學的小姜平時最討厭的事情就是思考，有甚麼問題他都直接問大人。老師有時候會給他們一些簡單的作業，但他從來不願意自己去做，一旦發現有甚麼難題，總是跑去問媽媽，媽媽會直接告訴他答案，可是這次媽媽出門了，他就跑去問爸爸。

　　剛開始爸爸還把答案告訴他，可是到了後來，小姜一次次的提問把爸爸給問煩了。爸爸對他說：「我就在這兒看着你，你可以做錯，但是不能老是讓別人告訴你答案。」

　　小姜只好自己做起了題，爸爸在旁邊看着，看他做錯了也不出聲。等到他做完了，才開始給他講哪道題做錯了，應該怎麼算等等。

　　從那以後小姜做題時都是自己先思考，實在做不出來才問爸爸媽媽。這樣過了一段時間，他發現自己好像變聰明了一點，學東西也比之前快了。

「大腦就像一塊鐵，長時間不用就會生鏽。」這個「生鏽」指的並不是化學反應中的生鏽，而是思維遲滯。即人如果經常不動腦子，他的思維能力、理解能力和反應能力等就會逐漸下降，記憶力也會隨之變差。而勤於動腦的人，每天都在接受新的事物，思考新的問題，這樣一來，他的大腦就得到了相應的鍛煉，理解能力會隨着思考問題的增多和思維的活躍而不斷增強，記憶力也隨之得到提升。

　　所以平時我們可以做一些益智的小遊戲，鍛煉大腦的同時，能夠幫助我們認識和接受新事物、新思想，還能啓發我們從多角度考慮問題，增長見識和積累解決問題的經驗。

有氧運動促進記憶力的增強

　　說起運動的好處，有人認為運動能夠強身健體；有人認為運動能夠幫助人們養成良好的生活習慣；還有人認為運動能夠減肥。但運動還有一個好處是人們享受着卻不曾發覺的，那就是促進記憶力的增強。

　　可能有人會質疑，運動或許可以強身健體，但怎麼能促進記憶力的增強呢？其實這是有科學依據的。

　　韋斯屈萊大學的研究者們用老鼠做過一個實驗。他們將老鼠分為三個小組，讓第一組的老鼠使用跑步機做中等強度的跑步訓練；讓第二組的老鼠做舉重的訓練，尾巴上繫上重物爬梯子；讓第三組的老鼠做高強度的間歇訓練。

　　結果研究員們發現，第一組的老鼠海馬體神經生長的水平是另外兩組老鼠的 2~3 倍。也就是說，中等強度的有氧運動能夠促進大腦製造新的腦細胞；第二組老鼠所做的力量訓練雖然能夠有效地鍛煉體格，但無法促進海馬體神經的生長；第三組老鼠所做的高強度間歇訓練也沒有促進海馬體神經的生長，研究者們推測是因為這種鍛煉方式帶來的壓力限制了腦細胞的形成。

　　也就是說，在各種運動方式中，只有有氧運動能夠促進大腦製造新的腦細胞，而大量的實踐證明，有氧運動能夠使大腦得到很好的休息。這不僅有利於大腦的生長發育，同樣有利於我們記憶力的提升。

那麼，我們在日常生活中做一些有氧運動就很有必要了，慢跑、快走、太極拳、健身操等有氧運動，對我們的身體健康和大腦的發育都是極其有利的。

　　通常情況下，熱愛運動的人不但精力充沛，而且學習和記憶的能力也會很強。在進行有氧運動的時候，能夠加快新陳代謝、改善腦部的血液循環，這不僅刺激了腦細胞生長、改善了我們的心肺功能，還能起到為心理減壓的作用。有氧運動也能提高大腦的攝氧量，為大腦的生長發育提供更有利的條件。

　　很多人喜歡在心理壓力大的時候做一些能夠減壓的運動，如打籃球、跑步、做瑜伽、游泳等。在運動的時候，我們的大腦無暇思考太多的問題，運動完畢會有壓力隨着汗液一同流出的暢快之感，消除大腦的疲勞感，減少壓力對記憶力的損害。

方法 84　搖頭晃腦記得更快

　　阿敏最近有一個有趣的發現，同桌阿曄在自修課背書的時候總是喜歡搖頭晃腦，尤其是背到古詩詞的時候。阿敏被他搖頭晃腦背書的樣子逗得樂不可支，提出了自己的疑問：「你背書的時候為甚麼要搖頭晃腦呢？大家都是挺直了身體背書的。」阿曄見她這麼說，也顯得有些不好意思。不過他還是解釋了一下：「我習慣這樣背書了，一方面感覺這樣背書記得快，另一方面這樣搖頭晃腦的，能順勢活動一下頸椎，一舉兩得，也沒甚麼不好。你可以試試。」

　　阿敏半信半疑地捧起書，搖頭晃腦地讀了一篇古詩詞，沒想到還挺有趣的，而且記憶的速度的確是比之前快了一點。

　　很多古代的電視劇中，在出現授課的場景時，難免會有搖頭晃腦背書的學子或用抑揚頓挫的聲調搖頭晃腦教書的夫子。可能很多人會覺得疑惑，為甚麼背書的時候一定要搖頭晃腦呢？這樣會記得快一些嗎？

　　答案是肯定的，背書的時候搖頭晃腦還真能讓古人記得更快。我們知道，古文的排列方式是從右向左、從上到下的，所以在看書的時候頭會不自覺地來回晃。古文又是沒有標點符號的，學子們讀

書時不知道怎麼進行斷句，就需要結合搖頭晃腦的肢體動作來幫助斷句，便於記憶。

而且古文講究韻律和節奏，大都寫得抑揚頓挫、節奏鮮明、音韻鏗鏘，高聲吟誦文章時，必然會受到作者文采的感染。讀得入情入境，如癡如醉時，自然會隨着其韻律擊節踏足、搖頭晃腦，頗有節奏感。

現在我們雖然接觸更多的是白話文，但是讀書時搖頭晃腦依然有着很多好處。首先，它能幫助人們在短時間內將全部身心投入文章中；其次，搖頭的動作能夠緩解人們的疲勞感。在現代社會，越來越多的人患上頸椎病，其原因就是長時間低頭。而搖頭晃腦能夠使頸動脈這樣向大腦供血的部位得以活動，增加腦部的供血，對預防頸椎病、促進血液循環和提高記憶力有很大的幫助。

充足的睡眠
是記憶力的保障

哈佛大學醫學院的科學家們找來一些大學生志願者做了實驗：實驗的內容是對這些大學生進行詞匯記憶測試。其中一組人在記憶和測試之間沒有休息的時間，他們可以做些與測驗無關的其他事情，唯獨不能睡覺。而另一組人可以在記憶之後睡上一覺，睡醒了再參與測驗。我們可能會下意識地認為第二組的記憶效果不佳，因為一般來說，人們睡過一覺之後，之前所記憶的內容就忘得差不多了。但是實驗結果卻恰恰相反，第二組的測試成績比第一組沒有休息的人要好得多，尤其是測試競爭性的題目時，有睡眠時間的那一組優勢更加明顯。

波士頓的科學家珍妮·達菲（Jeanne Duffy）也做了相關的實驗，她找來一些 20 多歲的年輕人當志願者，研究人員讓這些志願者觀看了 20 張成年人的面部彩照，並將彩照中人的姓名告訴了志願者。12 個小時過去之後，請這些志願者再次觀看這些照片，但是研究員這次給出的姓名一半正確一半錯誤，接受測試的志願者不但要回答這些名字正確與否，還需要對自己的回答進行打分，目的是看他們對自己的答案是否有信心。每個志願者都被測試了兩次。一次是有充足的睡眠，一次是沒有休息。結果得到充足睡眠的那一次，被試將照片和與之相對應的姓名匹配成功的概率明顯更高。

日常生活中，我們常常聽人這樣說：「好好睡一覺，睡眠質量提高了，你的記憶力自然就增強了。」這話聽上去非常奇怪，為甚麼說睡得好記憶力就會變強呢？睡眠和記憶力之間難道有甚麼必然的聯繫嗎？很多人都曾被這個問題困擾。這兩個實驗有力地印證了同一個觀點：良好的睡眠有助於改善人們的記憶力，增強人們對學習和記憶的信心。

睡眠是人類和其他高等脊椎動物的硬性需求，人的一生有 1/3 的時間都是被睡眠佔用的。在睡眠期間，我們的意識處於休息狀態，學習、記憶、思考等思維活動不再進行，精神放鬆，對外界刺激的反應能力降低。當人們進入深度睡眠的狀態時，大腦神經元則在不斷地生長發育，長出新的突觸來增強神經元之間的聯繫，大腦皮層內蛋白質合成速度也有所增長，短期記憶由此得到鞏固和加強，變為長期記憶。

所以我們才說充足的睡眠是高效學習和記憶的基礎和前提。良好的睡眠不僅能使學習了一天的大腦得到充分的休息，還能鞏固之前所學的內容，防止記憶力衰退。這也是午睡過後精力更加充沛、工作效率更高的原因。得到了充足的休息，大腦才能高效運轉。

方法 86　吃出來的好記性

在日本動漫《多啦A夢》中，有一集講的是大雄要考試了，但是他學習差得一塌糊塗，臨急抱佛腳又不怎麼管用，所以急得焦頭爛額，只好向多啦A夢求救，希望多啦A夢能給他一種應付考試的工具。最後多啦A夢從口袋裏找出了一種名為「記憶麵包」的工具來幫助大雄。

記憶麵包的使用方法是把書上的內容印到麵包上，然後吃下去，這樣就能夠記住麵包上印的內容。大雄很高興地吃掉很多片記憶麵包，最終卻因為吃壞了肚子，之前記住的東西通通被排泄物帶走了而宣告計劃失敗。

我們日常生活中還有其他能夠增強記憶力的食物。科學研究發現，大腦中擔任記憶訊息傳遞員的神經遞質是乙醯膽鹼，我們日常生活中的很多食物能夠補充乙醯膽鹼，如花生、蛋、魚、肉等。

○─○ 花生：改善血液循環、延緩腦功能衰退

花生有長壽果之稱，對延緩衰老、增強記憶力有很大的幫助。花生中不僅含有膽鹼，還富含卵磷脂和腦磷脂，這都是神經系統所需要的重要物質，能夠改善血液循環、延緩腦功能的衰退。

雞蛋：提高記憶力、加速大腦運轉

雞蛋是一種富含優良蛋白質、氨基酸、卵磷脂、鈣、磷、鐵以及維他命 A、D、B 的食物。蛋白質是人體構成的原料，也是製造腦細胞和神經傳遞物質的重要元素之一，能幫助大腦發育。每天食用 1~2 隻雞蛋就能夠供給機體足夠的膽鹼，這對提高記憶力、維持大腦的運轉非常有效。

魚肉：增強智力、記憶力和專注力

魚肉中富含蛋白質、鈣和不飽和脂肪酸，鈣是腦代謝不可缺少的重要物質，可抑制腦細胞異常放電、穩定情緒、促進良好睡眠、減輕身體疲勞、增強抵抗力。而不飽和脂肪酸中的重要組成部分DHA 是大腦神經細胞的重要成分，DHA 對大腦神經元的傳導、突觸的生長有着至關重要的作用。經常食用魚肉能夠保護我們的腦動脈血管，促進腦細胞的活動，增強智力、記憶力和專注力。

瘦肉：增強專注力，有效學習和記憶

瘦肉中含有大量的蛋白質和維他命 B、E 以及礦物質鐵與磷等元素。缺鐵會導致人出現貧血、精神渙散、注意力難以集中和記憶力減退的狀況。瘦肉中含有的這些物質是大腦中必不可少的元素，能夠幫助我們更高效地學習和記憶。

除了以上這些食物，如牛奶、燕麥、番薯、南瓜、橙、核桃、米等，經常食用對我們的記憶力提升也很有幫助。

所以當我們記憶知識不得其法、總也記不住或記憶力下降的時候，不妨調整一下自己的飲食，走一些小捷徑來改善和提升記憶力。

視聽結合
強化記憶力

視聽結合是詩詞創作中常見的一種技巧，通常是指將視覺描寫和聽覺描寫結合在一起，使這兩種感官互通並相互轉化，通過聽覺來想像畫面，通過視覺來想像聲音。兩種感覺相互襯托、相輔相成，來使詩句更加生動，所描寫的景物更具有立體感，讓讀者讀的時候能夠產生身臨其境的感覺，更真切地體會到作者所要表達的感情和思想。

如唐代詩人王維的《山居秋暝》中的「明月松間照，清泉石上流」和「竹喧歸浣女，蓮動下漁舟」等，都是讓人在視覺和聽覺的衝擊下獲得完整、美妙的體驗。此外還有曾鞏的《西樓》中的「海浪如雲去卻回，北風吹起數聲雷」，以及陸游的《幽居初夏》中的「水滿有時觀下鷺，草深無處不鳴蛙」等，都運用了視聽結合的手法，給讀者以生動的畫面感，並留下深刻的印象。

○─○ 視覺與聽覺結合記憶能提高記憶效能

這就給了我們一個很大的啟發，記憶能不能也用視聽結合的方式呢？答案是肯定的，我們在前文曾經介紹過多通道記憶法，即把多種感官結合在一起共同記憶。其實視聽結合也是多通道記憶法中的一種。

視覺傳遞給大腦的訊息大約佔所有訊息的 65%，視覺器官能夠幫助我們多方面地進行記憶，而聽覺記憶在特殊情況下（如失明）能夠彌補視覺的缺陷。

舉例來說，我們一覺睡到天亮，睜開朦朧的雙眼，窗外的陽光未必帶給我們強烈的刺激，但是鬧鐘的響聲卻能準確地喚起我們對早起的記憶。此外，還有手機鈴聲、門鈴聲、警報器響聲等，都能夠刺激我們的大腦產生強烈的反應。只要一聽到這些聲音，我們的記憶和經驗就會讓我們迅速做出反應，所以我們不但可以利用聽覺進行記憶，更可以利用視聽結合的方式來進行記憶。

　　而且同時調動視覺器官和聽覺器官的功能進行記憶，效果要比單一的視覺或者聽覺記憶法好得多。因為使用視聽結合的方法時，並不只是用到視覺和聽覺，還要用心，這樣就具備了「三到法」中的「心到、眼到」，再加上「耳到」這個有利的輔助，等於從多個角度共同進行記憶。如此一來，提高記憶的效率自然不在話下。

在聊天中增強記憶力

看到標題可能很多人會感到疑惑：聊天也能增強人的記憶力嗎？專家們經過研究，給出了肯定的答案。就算是閒聊，也能夠增強人的記憶力。

密歇根大學的研究人員曾經就此做過專門的數據分析，分析了 3000 多名年齡跨度在 24~96 歲之間的測試者。分析數據顯示，社交互動水平愈高的人，認知能力愈強，記憶力也愈好。這個社交互動包括聚會、和親朋好友通電話、與同事或其他人閒聊等。

為了確定聊天在其中起到的作用，研究人員還做了另外一項實驗。實驗的對象是 76 名大學生。研究人員分別對這些大學生的社交互動進行了分析，並讓他們做了智力練習，結果發現，經常抽出 10 分鐘時間閒聊的人智力表現和記憶力普遍好於那些把閒聊的時間拿來做智力活動的人。

也就是説，每天和他人進行 10 分鐘的友好交談，對提高人的大腦功能、智力表現和記憶力是非常有益的。研究人員推測，和他人閒聊的過程其實是讓我們的大腦得到休息的過程。而且和他人閒聊能夠拓寬我們的眼界和知識面、提高我們的應變和交際能力，這是一個增長知識、鍛煉口才的過程，也是一個放鬆身心的過程。

只要抽出 10 分鐘的時間進行簡單的社交活動，既能夠增進彼此間的感情，又能夠增強記憶力。這樣一舉兩得的好事，我們何樂而不為呢？

隨身攜帶的小紙條

　　阿晨的成績不好，爸爸媽媽為了提高他的學習成績，給他辦了轉學，轉到一所以管理嚴格而出名的高中。上了幾天課之後，阿晨感覺到新校與舊校很不一樣，並不是教學質量上存在差距，而是學生們對學習的用心和對時間的高度利用。他發現每個人都隨身帶着幾個手掌大小的筆記本，或是多張小紙條。剛開始他還以為同學們準備這些是為了作弊，但很快他就發現自己的想法錯了。

　　在小息後集合前的那段時間裏，幾乎每個班級的同學都捧着手裏的小筆記本或小紙條唸個不停。他好奇地湊上前看了看，發現這些小紙條上摘抄的都是各科的知識點，阿晨問道：「就這麼點時間，能記住嗎？」同學回答道：「怎麼會是這點時間呢？我們下課時、睡覺前都有很多的零碎時間可以用來記住這些知識啊。一天記不住記兩天，兩天記不住就記三天，總有一天能記住。反正也閒着沒事幹，這時間浪費了多可惜。」

　　阿晨想了想，覺得同學説得很有道理，就跑去買了一個小的筆記本，用來摘抄各科的知識點。半個學期過去了，他已經記住了好幾個小筆記本上的知識點，成績也有了明顯的提高。

　　很多學校會要求準備小紙條和筆記本來摘抄知識點，為的就是讓學生抓住空閒的時間進行記憶，而這種學習方式也往往有效。

　　用小紙條去增強記憶的方法其實是巧妙運用了記憶法中的多看記憶法。日常生活中，我們記憶某些內容時，很難做到一次性永久記憶，一般都要重複進行記憶，才能達到長期記憶的效果，否則很快就會遺忘。為了避免出現遺忘的狀況，我們需要進行多次的重複記憶，也就是說，**想要長久地記住某個知識點，我們必須多看，做到隨忘隨記**。這時候小紙條就是非常實用的工具了。我們可以把需要記憶的定義、術語、詩詞、規律等摘抄到小紙條上隨身攜帶着，閒暇的時候就看一看，想不起來知識點時也拿出來看一看。或是貼到自己一抬頭就能看到的地方，如桌角、衣櫃、床頭、門板、牆壁，這樣一次次重複記憶，久而久之就是想忘也忘不了。

　　小紙條還能夠幫助我們把零碎的時間利用起來，抓住一分一秒去學習和記憶。這樣我們的知識每時每刻都在積累和鞏固，記憶力自然會有所提高。

積極的心理暗示

　　阿玲和阿梅都是高中生，在同一所學校接受教育，有天，語文老師要求必須背誦《出師表》全文。於是接下來的自修課兩人都把時間分給了《出師表》，一連背了幾個早上，兩個人都沒能順暢地背誦下來，阿玲感到氣餒和沮喪。她覺得自己已經這麼努力地去背了，還是沒能把這篇文章記住，是不是因為自己的記憶力有問題？

　　阿梅和阿玲一樣，幾天的時間都背誦不下來一篇文章，這讓她很受打擊，但是她沒有質疑自己的能力，而是靜下心來安慰自己：「之前不也記住過很難背誦的文章嗎？這樣想着，小梅又拿起了書，精神十足地背誦起來。又經過了幾天的努力，她終於把《出師表》完全記住了。

　　阿玲和阿梅兩個人之所以結果不一樣，就是因為她們給自己的心理暗示完全相反。阿玲的心理暗示是消極的，她經受了幾次打擊，情緒低落，意志就開始變得消沉，她認為自己怎麼也背不會，並且反覆給自己這樣的心理暗示，所以她才會背到一半就放棄。阿梅雖然也出現了情緒低落的狀況，但是她很快對自己的情緒進行了調整，每次失敗的時候，她都會鼓勵自己，然後重整旗鼓，繼續去努力，所以最後她才能取得成功。

記憶其實也是需要鼓勵和心理暗示的，當我們記憶一個知識點怎麼也記不住的時候，我們的心態會發生變化，出現不自信的心理，也會下意識地尋找各種客觀的原因，掩飾自己不夠努力的真相。於是類似「是不是我記憶力天生就比別人差」、「我永遠也記不住了」的話，就頻頻在大腦中閃現。這些消極的話無疑是在給自己強烈的心理暗示，讓自己趕快逃避這個背誦任務。

人是非常容易受到心理暗示影響的，所以我們要轉變心態，把消極的心理暗示轉變為積極的心理暗示。這樣心理暗示才能在我們的學習和生活中發揮正面的作用。

拿到一個記憶任務之後，我們首先要做的就是給自己樹立記憶的自信心，把「我根本就記不住這麼多」換成「我很棒，我一定能記住！」、「要嘗試一下，說不定很快就能記住了！」這種積極的心理暗示會讓我們的情緒興奮起來，也使注意力更容易集中。這樣當我們全神貫注地記憶時，就能夠輕鬆地使記憶素材在腦海中留下深刻的印象，達到快速記憶的目的。

記住了之後，我們還要積累這種成功的經驗。把自己記憶成功的例子寫下來，當我們失去記憶的信心時，拿出來翻一翻、看一看，找回自信和重新記憶的勇氣，堅定記憶的決心。這樣我們在攀爬記憶高峰的時候就能做到愈挫愈勇，鍥而不捨，哪怕記憶再複雜的內容，也能夠做到心態平和、信心十足。

增強記憶力的小動作

　　很多人到了一定的年紀，就明顯感到自己的記憶力不如年輕時好了，一點小事都記不住。有些人擔心這是心腦血管疾病的前兆，甚至為此專門去諮詢醫生。其實有時候我們健忘、記憶力減退不是因為患病，而是因為腦細胞在減少。這種情況下，醫生能提供的幫助是非常少的，要想提高記憶力，還需要通過自己的努力，平時多做一些小動作。前文說過，搖頭晃腦能夠增強人的記憶力，其實還有其他小動作，對增強記憶力也有一定的幫助。

⊶ 架高雙腿

　　專家通過研究發現，一個成年人大腦的耗氧量佔全身總耗氧量的四分之一，一旦缺氧缺血，就會出現雙眼發黑、暈厥的狀況。有些人平時總是頭暈、疲累，其實就是血氧低最常見的症狀。我們經常待在含氧量低的室內，活動量不夠、腦部供血不足、血液流通不暢，大腦很難維持正常的運作，記憶力自然會降低。要想改善這樣的狀況，有條件的當然可以出去走走，但有些人必須待在辦公室，那該怎麼辦呢？

　　我們只需要把兩條腿蹺在椅子上或者是桌子上幾分鐘就能解決。需要注意的是，腿蹺起的高度必須高過心臟的位置。這樣蹺高腿部，血液能快速回流到肺部和心臟，減少腿部靜脈壓力的同時，增加大腦的供血量，輕鬆解決供血量不足的問題，記憶力自然提高。

○─○ 經常梳頭

梳頭能夠按摩頭皮，促進頭部的血液循環。我們可以隨身攜帶一把牛角梳，閒暇時拿出來梳一梳。具體的操作方法是從上到下，從前到後。沒有牛角梳的情況下手指梳頭也能起到同樣的作用。每天梳上三四次，按摩頭皮、放鬆精神的同時，還能夠起到養生健腦、提高記憶力、延緩衰老的作用。

○─○ 多動手指

日常生活中，我們有時能看到一些注重養生的老年人在手裏拿着兩個健身球或是兩個核桃轉着玩，這其實就起到了刺激大腦、鍛煉大腦、延緩腦細胞衰亡時間的作用。因為手指與大腦相連的神經最多，甚至被稱作是人的第二大腦。所以我們平時可以着重做些手指的運動，如伸出手指、蜷縮手指、雙手交叉按摩指尖、分揀大豆和米、玩健身球等，都能夠達到鍛煉手指、強化記憶力的目的。

○─○ 冥想

冥想有助於人們放鬆緊繃的神經、減輕心理負擔、清理大腦中紛亂繁雜的思緒等。冥想的時候配合深呼吸的動作，能夠使我們心態平和、精神壓力減輕，大腦得到很好的休息。冥想結束之後，我們的精神狀態會變得更好，注意力也能夠很快集中。每天抽出 10 分鐘的時間進行冥想，對記憶力的提高也有一定的幫助。

邁開腿，勤喝水

有氧運動對我們大腦的益處在前文已經說過，下肢在運動的時候能夠刺激大腦皮層的活動，健身的同時也在健腦。所以每天不妨抽出一些空閒時間來做些有氧運動，慢跑或是快走都是不錯的選擇。每次進行半個小時的運動，對提高記憶力很有幫助。

水是我們身體必需的元素，喝水不能等感覺到渴了才喝，因為感覺到渴的時候，我們的身體已經相當缺水了，少量多次地飲水，對我們的身體健康有益。

嘗試一些新東西

腦子不動會生鏽，所以我們要經常接觸一些新知識，這些知識可以是簡單的、容易掌握的，如學一門外語、學烹飪或是學跳舞等，都是不錯的選擇。這些項目既不費事，又能很好地鍛煉我們的大腦，掌握新技能之餘，還能啟發我們從多個角度思考問題，可謂一舉兩得。

多做思維遊戲能夠提高記憶力

每年臨近「雙十一」時，網上商店都會推出很多優惠活動，很多人優惠領了一大堆，硬是不知道通過怎樣的購物流程買東西才最便宜，只好去問客服，最後客服也被繞暈了。很多時經過一番複雜的操作之後，才知道商品真正的價格。大量買家抱怨：「這年頭不會點數學題還真買不成東西。」

這就是店家要和顧客玩思維遊戲。但是很多顧客只想簡單直接地知道自己花多少錢才能買到心儀的東西，沒有時間、精力和心思去做這種複雜又考驗腦力的思維遊戲。

其實，**偶爾做一些思維遊戲對我們提升記憶力還是很有幫助的。在做思維遊戲的同時，我們能夠潛移默化地掌握各種記憶方法，使知識面得到拓寬，個人知識水平得到提升。**

思維遊戲的種類有很多，如發散性思維遊戲、訓練聯想思維遊戲、數字思維遊戲、立體思維遊戲等。我們可以在其中挑一些經典的遊戲進行訓練。

○─○ 發散性思維遊戲

發散性思維遊戲屬比較常見的一種思維訓練，古人在行酒令的時候會玩一種叫作「飛花令」的文字遊戲，即規定一個字，然後所有人要輪流說出關於這個字的詩詞曲。這種遊戲得名於韓翃的《寒食》中的名句「春城無處不飛花」。由於玩這個遊戲需要很強的詩詞功底，所以很多文人墨客都非常喜歡這種高雅的遊戲。這其實是訓練發散性思維的一個好方法。

除了飛花令，還有簡化版的發散性思維遊戲，例如，一位老師帶着學生們玩的思維遊戲，題目是「説出以人結尾的詞語」。結果學生們踴躍地回答「男人、女人、小人、大人、好人、壞人、熟人、正常人、機器人」等。這種遊戲的優點是能夠啓發學生打破思維定式，打開思維的關節，充分訓練發散性思維。簡單的小問題也能夠激發學生們學習的興趣。

○─○ 訓練聯想思維遊戲

　　愛因斯坦説過：「想像力比知識更重要。」訓練聯想思維遊戲的關鍵就在於訓練學生們聯想和想像的能力。比如，隨便找出一些詞語：水杯、衛生紙、手機、比卡超、柿子、萬年青……我們不必去記這些詞語，而可以去記這些物品的形狀，並進行聯想思維加工。水杯倒下來砸到了衛生紙，衛生紙纏着手機，手機正在給比卡超充電，比卡超從萬年青上摘下一顆紅彤彤的柿子。把煩瑣的文字聯想成一系列串聯起來的畫面，再記憶時就會容易很多。

○─○ 立體思維遊戲

　　立體思維遊戲又叫作空間思維遊戲、整體思維遊戲，遊戲的訓練目標是讓人們跳出平面思維的局限，從多個角度、多個方位、多個層次考慮問題，簡言之，就是要「立起來思考」。我們可以嘗試着回答下面的這個問題：多多過生日請了 7 個小朋友，媽媽要把蛋糕平均分成 8 份，但只能切 3 次，該怎麼切呢？

　　考慮這個問題的時候我們需要跳出點、線、面的限制，從整體上來分析，答案是先在中間橫切一刀，把它分為上下兩塊相等的蛋糕，剩下的兩刀無論是對角切還是從正中間切，都可以平均地將蛋糕分成 8 份，這就成功地解決了問題。

　　日常生活中，我們可以多做這種思維遊戲來訓練我們的大腦，做思維遊戲不僅能增加學習的趣味性，提高我們對學習的熱情，還能讓我們獲得新的啟發，嘗試着從多個角度思考問題，使思維更靈活的同時，也能提高記憶力。

方法 **93** 給記憶「加料」
——製造不尋常的事情

　　阿芸是個粗心的人，平時總是丟三落四，和朋友一塊出門逛個街，竟然把手袋弄丟了。袋裏放着她的手機、錢包和鑰匙，找不到的話會很麻煩的。陪她逛街的朋友都很着急，聚在一起幫她想之前都去過哪裏、手袋有可能忘在甚麼地方等問題。阿茗正要給她的手機打電話，小慧突然攔住了她，說道：「會不會是我們去哪家店看衣服的時候，把手袋忘在了試身室？現在顧客不多，可能還沒有被人拿走，電話一響，反而容易提醒別有用心的人。」

　　其他人覺得有道理，她們一邊討論一邊往回走，之前逛過的店太多了，需要好好回憶回憶。這時小慧說：「我有印象了，之前有家店有演出，我們看了一會兒，然後進了那家店試衣服，我們去那家店找找吧！」被小慧這麼一提醒，阿茗也想到了一些細節，除門口有演出的那家店，她們還進過門口放了青蛙雕塑的店。其他人也都想了起來，七嘴八舌地說道：「還有一家店，我們進去的時候有情侶在吵架。」、「靠近電梯的那家店我們也進去過。」……

　　她們根據想到的店舖一家一家找了回去，很快就在貼了店慶海報的店裏找到了阿芸的手袋。

細心觀察，我們會發現，這幾個人所記得的都是那些有着特別之處的店，如門口有演出、門口放了青蛙雕塑、店內有店慶活動、靠近電梯、有情侶吵架等，而普通的店她們卻沒有想起來。這是因為這幾個店各自有着特殊的地方，給她們留下了鮮明、深刻的印象。

日常生活中，這種狀況非常常見。我們出門逛街時，看到的事物、接收到的訊息數不勝數，但是能記住的少之又少。細想一下，我們記住的可能是請了鼓樂隊表演慶祝開業的店舖，可能是一座古怪的雕塑。但是對街上大大小小的店舖、看上去差不多的巴士、不起眼的路燈等，我們卻很少能記得。

這是因為具有特殊性的事物給我們的感官和大腦帶來了不一樣的刺激體驗，所以才會在腦海中留下深刻的印象。這就啓發我們一種記憶的技巧，就是給我們的記憶「加料」。

在記憶的時候，我們可以製造一些不尋常的事情如做一些奇怪的動作，發出奇怪的聲音，或是進行光怪陸離的聯想，為記憶的內容增添奇幻的色彩，讓平平淡淡的記憶內容變得生動、鮮明，給大腦以強烈的刺激。這樣我們不必刻意去記憶，奇怪的事物就已經在腦海中留下了獨特的、令人難忘的印象。回憶的時候，我們只需要回憶與之相應的奇怪線索，需要的訊息就會被一併帶出來，這樣我們記憶起來也就輕鬆多了。

每天做十分鐘左撇子

　　暑假期間，小茹的學霸表姐婷婷來到小茹家裏暫住，兩個人年齡差不多，在一起玩得很開心，做功課的時候，兩個人相對而坐、埋着頭認真寫作業的樣子讓小茹媽媽非常欣慰。唯一讓小茹感到不習慣的一點是吃飯。吃飯的時候，婷婷和她坐在同一排，兩個人夾菜的時候，總是容易碰到對方的胳膊，小茹一連被碰了好幾次，菜都掉在桌子上了。剛開始她以為婷婷是故意逗她玩，沒有在意，但是婷婷一直碰她，她忍不住抱怨。

　　兩個人眼看就要吵起來，媽媽連忙上前勸説：「別吵，你們倆誰都不是故意的，是媽媽把座位安排錯了。小茹，你跟姐姐換位置，這樣就不會碰到了。因為你姐姐是個左撇子啊！婷婷，不要覺得自己是左撇子就自卑，這樣其實沒甚麼不好的，這個世界上的左撇子很多，而且大多數左撇子比右撇子聰明呢！」

　　婷婷聽到姑姐這麼説，開心地露出了笑容。小茹想了想，姐姐似乎確實比自己聰明一些，很多自己不會的題她都能做出來，難道是姐姐是左撇子的緣故嗎？這樣想着，她把筷子換到了左手上，雖然夾菜很困難，但她還是嘗試着這樣做了，因為她也想像婷婷一樣聰明！

　　人的大腦分為左腦和右腦兩個部分，左右腦分工不同，左腦支配右側身體，進行邏輯思維，負責處理語言、文字、邏輯、分析、推理等；右腦支配左側身體，負責圖像、音律、情感、全域觀等，所以善用左腦的人（右撇子）語言能力出眾，善用右腦的人（左撇子）空間想像能力更好。當然，在智力水平上，左撇子和右撇子沒有明顯的區別。所以左撇子是否真的比右撇子聰明這個問題，我們暫時無法給出定論，但有一點可以肯定，**經常使用右腦的人，左右腦的發育更為平衡和協調，開發利用率也更高**，所以左撇子的確更有可能是一個聰明的人。

　　我們大腦中負責左右腦之間的神經訊息傳導的物質是胼胝體，左撇子的胼胝體發達，訊息交流更為通暢，在體育運動方面也更有天賦和優勢。因為左撇子經常使用左手，所以能夠充分地刺激右腦，進而導致右腦更發達，能力也更出眾。

　　我們不必刻意地去做左撇子或是右撇子，而是要經常進行一些運動，訓練非偏好的一側的肢體，如右撇子嘗試着用左手打羽毛球、乒乓球；左撇子多使用右手寫字等等，來促進大腦的發育，起到平衡左右腦、充分開發左右腦的作用。**當我們的大腦的利用率更高時，我們的智力水平和記憶力也會有所提升。**

和便利的電子產品保持距離

阿怡最近拿到了「男神」的聯繫方式，雖然兩個人平時見面的機會很少，但是在網絡上聊天的次數卻很多，幾乎每天都能聊上一會兒。他們聊的就是生活中的一些小事，如「剛發現的一家店很好吃」、「又有一名同學結婚要送禮」、「租金又上漲了」之類的話題。每天晚上聊上幾句，看上去兩個人的作息都很規律，一到 10 點半就互道晚安。但是阿怡卻從沒有在 12 點之前睡過，每次和「男神」說晚安之後，她都會打開微博刷一會兒明星八卦，再追上一兩集偶像劇。而「男神」也沒有在說晚安之後就去睡覺，而是打開了手機上的遊戲，愉快地開始和眾多網友一爭高下。

現代社會，有很多年輕人甚至中年人加入了熬夜的行列，因為手中的電子產品無時無刻不在誘惑着各個年齡段的人。在學習和娛樂兩個項目的擠壓之下，人們的睡眠時間急劇縮短，很多對電子產品依賴程度不高的人都很難保證每天睡眠時間達到八個小時，更不用說很多沉迷遊戲，徹夜不眠地追劇、看小說的人了。前文已經說過睡眠對我們記憶力的重要性，沒有良好的睡眠，自然很難有良好的記憶力。

不過，缺少睡眠還只是電子產品造成的一個間接影響，電子產品對我們造成的直接影響也是不容忽視的。

隨着科技的發展、網絡的發達，越來越多的電子產品進入我們的生活中。但是也能發現，電子產品佔用我們的時間越來越多，我們對電子產品的依賴性越來越強。

愛爾蘭的專家們做了一項調查，發現 3000 人中，有 1/4 的人都記不住自己的固定電話號碼，2/3 的人甚至不能説出 3 個以上朋友或者家人的生日。但年齡在 50 歲以上的中老年人在這方面的記憶更有優勢，因為在日常生活中，年輕人大多精通高科技電子產品，記很多簡單的內容時，他們更依賴於自己的電子產品而非大腦。

美國專家們找來 300 名志願者做了一系列測試，測試的結果表明：閱讀紙質訊息的人理解和解決問題的能力高於閱讀電子產品訊息的人，而且長期使用電子產品等智能設備，容易導致注意力不集中和記憶力下降等問題。

所以，電子產品雖然給我們的生活帶來了很大的便利，但也有着一定的負面影響，如何使電子產品的正面作用得到最大限度的發揮，盡量減少負面作用呢？很簡單，和電子產品保持一定的距離，不沉迷其中，先保證充足的睡眠，再嘗試擺脫對電子產品的依賴，更多地依靠大腦和記憶力去記東西，讓記憶成為本能。這樣我們就能在享受電子產品便利的同時，把電子產品帶來的副作用降到最低。

方法 96　不斷回憶是增強記憶力的必備步驟

前文我們説過，記憶是過去的經歷、經驗在大腦中的反映，記憶包括識記、保持、回憶（再認）三個基本步驟。這一節我們就來着重談一下回憶的作用。

回憶是記憶的一個必備的步驟，是恢復過去經驗的過程。日常生活中，回憶出現的次數非常多，在有人問我們一句詩的時候，我們可能會説：「你先別提示，讓我好好想想。」這個「想想」其實就是在回憶，經常性的回憶對我們知識的鞏固有着重要的作用。

科學研究發現，人的記憶力從 20 歲就開始出現不同程度的減退，所以我們會聽到很多 20 多歲的年輕人説「年齡大了，記憶力不如之前好了」這樣的話。這並非是錯覺，而是事實。成年之後，我們腦細胞的增長速度變慢，記憶力開始減退，這時候我們就要注意保護自己的大腦了，平時不僅要吃一些補腦的食物、做記憶訓練、學一些新技能，還要注意休息。

我們也可以通過經常回憶的方式，保證大腦的活躍度。而且在回憶的時候，我們可以糾正自己錯誤的記憶，補全遺漏的記憶，使我們的大腦得到一定的訓練，記憶得以鞏固。

多聽音樂
改善記憶力

週末學校放假，阿敏回到家裏也沒有放鬆，在自己的房間裏打開手機、連上喇叭，放起紓緩的音樂，開始做各科的試卷。媽媽聽到阿敏房間的聲音，走過去問道：「不好好學習還在玩，你不知道自己中六了嗎？這麼大的人了怎麼一點不知道抓緊！」

小薇連忙辯解道：「我在做題啊，沒有玩。」

媽媽明顯不相信她：「你放着音樂，能好好做題嗎？我從來沒聽過一心能二用的。」

小薇拿起手機説道：「可是我放的都是紓緩的曲子，對記憶力有幫助。不信你可以上網查一下。」

媽媽將信將疑地拿出手機搜了搜，發現竟然還真有聽音樂提高記憶力的方法，便沒有再阻止女兒。

相信很多人都有阿敏媽媽一樣的疑問：不是説一心不能二用嗎？聽音樂難道真的能夠提高人的記憶力嗎？日本的田中博士做過相關的研究。

田中博士醫治過一位年邁體弱的婦女，這位婦女患有嚴重的老年癡呆，喪失了記憶能力，不僅記不住日常生活中必備的一些知識，甚至連自己的名字、年齡、家庭住址等都忘記了。很多醫生嘗

試了各種辦法，也無法讓這個老人記住一點有用的訊息。田中博士眼看閒聊的方式無法奏效，便打算用音樂喚起這位老人的記憶。他拿出手風琴，演奏了一首日本經典的老歌，老人竟然跟着手風琴的節奏開口唱了起來。奇怪的是，她竟然記得大部分歌詞。田中博士見這種方式起了一定的作用，就繼續演奏了兩首人人都會唱的經典歌曲，結果老人都跟着唱了出來，慢慢地，她想起了自己的名字、年齡和丈夫的名字、職業等訊息。

這個案例表明，音樂對恢復記憶力有一定的幫助，其實音樂的作用不限於此。現在有越來越多年齡很小的孩子上台展示自己的才藝。有的孩子也許記不住知識，卻能跟着音樂的節拍一字不差地把歌詞唱出來，儘管他們不理解歌詞的意義。

這是因為音樂起到了幫助記憶的作用。音樂是如何幫助我們記憶的呢？科學研究發現，每個人的大腦中都有四種腦電波在運作，其中最適合潛意識活動的腦電波是 α 波，α 波不僅能夠加快資料的收集、促進靈感的產生，還是實現高效記憶的關鍵因素。而巴赫、維瓦爾第等巴洛克時期的音樂以及莫扎特音樂的節拍是每分鐘 60 次，這與 α 腦電波是一致的。聽這種類型的音樂時，左右腦都會被激活，參與學習和記憶，大腦也處於放鬆、活躍的狀態。這時記憶內容會隨着音樂一起被鐫刻在潛意識之中，學習和記憶的效率自然會有所提高。

所以平時我們可以多聽一些巴赫、維瓦爾第、莫扎特等人的音樂，在聽的時候調動多種感官，進行多形式、多曲調的記憶訓練，從而激發左右腦活動，增強邏輯思維的能力、想像能力，達到提高記憶力的目的。

保持平和的心態
能記得更清楚

"

　　學校組織了一場數學競賽，參賽的同學都在緊張地複習，其中最緊張的應該是葉舒，因為他中間有一段時間請了假，有點跟不上數學老師講課的進度。而且他聽說，自己缺課期間老師講了幾個至關重要的知識點，直到現在，他還沒有把缺失的那幾個知識點完全明白，所以面對這次競賽，他比班上的其他同學緊張得多。

　　可是愈緊張葉舒愈看不進任何東西，題也做不出來，沒幾天嘴上就起了好幾個泡。推薦他參賽的數學老師看到他這個樣子，也知道他是為甚麼事情擔心，但是數學老師非但沒有催他，還把他叫出來安慰，讓他不要着急，一次的成績不代表甚麼。葉舒剛開始還有些聽不進去，直到老師問他這兩天的複習是不是完全沒有效率的時候，他才不得不承認，自己的確太急躁了，但是他又害怕成績不如其他同學，所以根本不敢懈怠。老師讓他在自己的辦公室坐着，甚

　　參加過高考的人都有過這種經歷，平時對我們十分嚴厲的老師到了考試的關頭倒開始和顏悅色地安慰我們，讓我們盡量放鬆、心平氣和地去參加考試。這其實是很有道理的，愈着急的時候，記憶力和學習能力愈差，反倒是心態平和能夠使我們發揮出最高的水平。所以，平和的心態對我們學習和記憶有很大的幫助。

麼都不要想，聽聽舒緩的音樂，做做深呼吸。

按照老師教的方法做了幾次深呼吸之後，葉舒覺得自己心裏那種急躁的感覺舒緩了不少，心境也平和下來。這時數學老師拿出一套練習題讓他慢慢做，葉舒就真的靜下心做了起來。沒想到很快他就做完了整套卷子。老師審過卷子之後對他說：「這套題你大部分都做對了，說明你對知識掌握的程度很高，競賽的難度比這套題高不了多少，所以你不要給自己太大的壓力，心平氣和地做題就好了，不要把它當作競賽，而是當成一次練習。」

聽了老師的教導，葉舒心裏輕鬆多了，參加競賽的時候雖然還是有點緊張，但他很快調節了自己的情緒，之前所記住的定理、公式等都在需要的時候適時出現在腦海之中，他很輕鬆地取得了競賽第一名的好成績。

當我們因為記不住而心生煩惱的時候，不妨暫時將自己的注意力轉移開，換換心情，也讓大腦適當休息。等心態得到放鬆、心情平靜下來之後，再重新開始記憶。這時我們更容易集中注意力，記憶的效率也就更高了。

方法 **99**

把記憶和愉快的經歷聯繫起來

　　阿穎週末參加了高中同學的聚會，看到了很多熟悉的面孔。雖然已經畢業很多年了，但時光彷彿不曾淡化同學之間的感情，相熟的同學之間還是非常熱絡。她記得自己在高中的時候，有一段時間個性比較孤僻，但是和這些同學們相處了一段時間之後，彼此之間的隔閡越來越小，關係也越來越密切。

　　雖然在高中也有過很多不愉快的經歷，但是回憶的時候，留在腦海中的竟然都是愉悅的畫面。她記得自己曾經和梳着高馬尾的阿燕一起逃課去網吧看電影，恰巧坐到了自己暗戀着的男生旁邊，那個男生給自己買了一堆零食；記得和阿雨、阿彤一起去校外吃飯，阿雨把店裏的空調當作雪櫃，半天沒打開，跟店老闆抱怨雪櫃有故障，她和阿彤被阿雨蠢蠢的樣子逗得哈哈大笑；記得和雯雯一起半夜跑去溜冰場溜冰的細節……而她和同學之間的那些齟齬彷彿從未發生過一樣，無法在大腦中搜尋出一星半點的記憶。

仔細回味以往的人生經歷，我們會發現，腦海中快樂的記憶很多。這是因為快樂的情緒給我們的大腦帶來了強烈的刺激，所以在我們的腦海中留下了深刻的印象。這就給了我們一個啓發——把記憶和愉快的經歷聯繫起來。

　　這種做法就像是苦澀的藥丸包上一層糖衣，這樣我們品嚐糖衣的時候也能把藥給吃下去。同理，當我們把需要記憶的事物和愉快的事情聯繫起來時，快樂的情緒會給我們的大腦以強烈的刺激，枯燥無趣的內容會和愉快的經歷一起被我們的大腦銘記，我們的記憶力也就得以增強。

　　如在記憶單詞「popcorn（爆米花）、persimmon（柿子）、crocodile（鱷魚）」時，我們可以把這些單詞分別聯繫到愉快的事物上，如「popcorn（爆米花）」可以和電影院冒着溫暖香氣、色澤誘人的爆米花聯繫在一起，也可以聯繫到民間炸爆米花的場景，這樣就有趣很多；「persimmon（柿子）」可以和吃又大又甜的柿子的經歷聯繫在一起等等。和有趣的經歷聯繫在一起，單調乏味的記憶內容也能取得良好的記憶效果。

改錯也是記憶的契機

66

　　阿程所在的學校進行了文理科分班，原來的數學老師被分到了其他班，接手他們班數學課的是擔任教導主任的孫老師，孫老師管理嚴格是出了名的。阿程之前雖然沒在教導主任那裏接受過教育，但是聽過很多其他班的同學對教導主任的評價，説是教導主任教學很有一套。

　　儘管同學們都肯定孫老師的教學能力，但阿程還是擔心自己突然換個老師會有點不習慣，怕學習進度被落下來。剛上課，孫老師就要求每名學生都要準備一個筆記本，專門用來記那些做錯的題，並且下面要附上正確的答案，每天都要抽出時間看看自己做錯的這些題。

　　阿程雖然按照孫老師的要求準備了，但是他覺得這個錯題筆記本既浪費時間，又起不到很大的作用，不過老師都這樣吩咐了，他

　　發明大王愛迪生説過：「失敗也是我所需要的，它和成功一樣對我有價值。」錯誤的經歷能夠給我們深刻的教訓，給我們的大腦留下深刻的印象，我們可能不記得自己成功地做出過多少道題目，但一次失敗的經歷卻很容易在腦海中留下深刻的印象。

　　錯誤的答案並不值得記憶，值得記憶的是改錯的過程和正確的答案。如果犯了錯卻一笑了之，那麼我們的大腦中不會留下關於這個錯誤的任何痕跡。只有在做錯之後，認真地進行思考和分析，找出導致我們判斷失誤的原因，並且建立對正確答案的記憶，力求之

再不情願也要照辦。

如此過了幾個月之後，阿程發現自己在錯題本上記下的做錯的題越來越多，從原先的幾道題變成了一個錯題集。他看了幾次錯題集之後發現，有的題做錯一次之後就再也沒有做錯過，而有的題型明明是一樣的，自己竟然一錯再錯，說明自己對三知識點掌握得還不是很牢固。

看了幾次錯題集，做了幾次總結之後，阿程總算明白了孫老師的良苦用心和教育方法的高超之處。用錯題集的方式不僅能夠讓自己發現和糾正曾經犯下的錯誤，還能夠對記錯的知識點進行重點記憶、重複記憶，而且在找出自己的薄弱環節這方面，錯題集也提供了強有力的幫助。

後不再犯類似的錯誤，鞏固對正確答案的記憶，才能牢固地掌握知識，並在改錯的過程中加強記憶。

生活中，我們每個人都會犯錯誤，大部分人犯了錯誤會很快改正，但是只有一部分人懂得從錯誤中總結經驗和汲取教訓，在改正錯誤的過程中讓自己得到提高，而這部分人比其他人更容易取得成功。願我們都能在曾經犯下的錯誤中總結經驗教訓，加以記憶，成為擁有高效記憶的、更容易取得成功的人。

Improve Memory in 100 Ways

王小軍 著　京師心智 組編

責任編輯
周宛媚

裝幀設計
鍾啟善

排版
辛紅梅　楊詠雯

出版者
萬里機構出版有限公司
香港北角英皇道499號北角工業大廈20樓
電話：2564 7511　　傳真：2565 5539
電郵：info@wanlibk.com
網址：http://www.wanlibk.com
　　　http://www.facebook.com/wanlibk

發行者
香港聯合書刊物流有限公司
香港荃灣德士古道 220-248 號
荃灣工業中心 16 樓
電話：2150 2100　　傳真：2407 3062
電郵：info@suplogistics.com.hk

承印者
中華商務彩色印刷有限公司
香港新界大埔汀麗路 36 號

出版日期
二零二一年一月第一次印刷
二零二三年六月第二次印刷

規格
大 32 開（210 mm × 142 mm）